华夏文库·儒学书系

理性的高扬

理学的形成、发展与式微

刘玉敏 著

大地传媒　中州古籍出版社

《华夏文库》发凡

毫无疑问，每一个时代都有属于自己时代的精神追求、文化叩问与出版理想。我们不禁要问，在21世纪初叶，在全球文明交融的今天，在信息文明的发轫初期，作为一个中国出版人，我们正在或者将要追求什么？我们能够成就或奉献什么？我们以何种方式参与全球化时代的文化传播进程？在一连串的追问下，于是，有了这套《华夏文库》的出版。

自信才能交融。世界各大文明在坚守自身文化个性的同时，不约而同地加快了探视其他文化精神内涵的步伐，世界不同文明正在朝着了解、交流、碰撞、借鉴与融合的方向前进。在此背景下，建立自身的文化自信，正是与世界各文明民族进行文化交流的基本要求。五千年中华文明与文化正在不断地被其他文明所发现、所挖掘、所认知，汉语言正在生长为世界语言，儒文化正在世界各地生根发芽。

借助这样一种正在成长着的文化自信、自觉、开放、亲和之力，用我们这个时代的学术眼光全面系统梳理中华五千年的文明与文化，向其他各大文明与文化圈正面展示自我，让中华优秀文化成为世界文化的重要组成部分，正是我们出版这套文库的目的之一。此其一。

知己才能知彼。身处五千年文化浸润的今天，重新思考我们先人的人生思考、价值思考与哲学思考，找到一个民族、一个国家的价值所在、立命所在、安身所在，这已经是我们这个时代的学人与出版人不得不再思考的问题。作为中华文明的一分子，我们在思考的同时，还必须了解我们的先人创造了如何优秀的精神文明与物质文明以及社会文明。只有熟知自己的文化，热爱自己的文化，悟明自己的文化，我们才能宣说自己、弘扬自己、光大自己。因此，我们策划组织这套《华夏文库》的初衷，还在于让当下的知识青年全面系统瞭望中华文明与文化的全景，并借此能够对更为深广的世界各民族文化提供一个比较认知的基础。此其二。

顺势才能有为。我们正处在农耕文明、工业文明、信息文明的交汇处，信息文明带领我们从读纸时代进入读屏时代，以智能手机屏幕为代表的书籍呈现方式正在与纸质书籍争夺阅读时间与空间。我们正在领悟数字技术，正在以信息文明的视角，去整理、分析和研究农耕文明与工业文明的文化遗产，不仅仅是为了唤醒优秀的传统文化，我们还在生发和原创着当今时代的文化。由此，我们试图架起一座桥梁——由纸质呈现而数字呈现，由数字呈现而纸质呈现，以多媒介的书籍呈现方式，将文字、图像、声音与视频四者结合，共同筑成《华夏文库》以奉献给信息文明时代的新读者。此其三。

总之，这是一套——专家大家名家写小书；以最小的阅读单元，原创撰写中华精神文化、物质文化与社会文明系列主题与专题；以图文、音视频多媒介呈现的方式，全面介绍与传播中华文明与优秀文化，系统普及与推介中华文明与文化知识；主旨是为了让世界与中国共同了解中国的——大型丛书，借此，复兴文化，唤起精神，融入世界。

耿相新

2013 年 6 月 27 日

目 录

引言　理学不是假道学 ………………………………………… 1

一　时代背景：内忧外困

   1　汉注唐疏遭厌弃 ……………………………………… 7
   2　儒门淡泊归释氏 ……………………………………… 10
   3　文人自由天下平 ……………………………………… 12
   4　书院学风浓 …………………………………………… 14

二　理学的产生："儒佛结婚的新学派"

   1　理学的前奏：中唐儒学的复兴 ……………………… 17
   2　理学的奠定：宋初三先生 …………………………… 21
   3　理学初成：理学的第一个春天 ……………………… 26

三 理学的繁荣与发展：百舸争流，命运不一

1 三足鼎立：理学的夏天 ········· 61

2 一统江湖：理学的冬天 ········· 87

3 破心中贼：理学的又一个春天 ········· 99

四 理学的式微：无可奈何花落去

1 理学遭清算 ········· 117

2 残酷文字狱 ········· 121

3 倾情考据学 ········· 127

小知识目录

文学作品中的"假道学" 4
程颐轶事 55
饿死事小，失节事大 56
邵雍喝酒 57
司马光轶事 57
胡武夷礼敬谢上蔡 84
横浦脚印 85
存天理，灭人欲 86
许衡不食梨 97
赵复义不攻宋 98
以理杀人 119
黄梨洲手锥仇人 119
假道学与真理学 120
日常行为中的天理良心 128
理学与家庭教育 129

引言

理学不是假道学

理学给人的印象似乎并不好。一提起理学，很多人就想起影视作品、文学戏剧当中的那些道学家模样：摇头晃脑，之乎者也，迂腐可笑。汤显祖《牡丹亭》中的陈最良就是典型代表。他不理解女学生杜丽娘为什么伤春，为什么要去游园，声称自己活了60岁"从不晓得伤个春，从不曾游个花园"，因为孟子教导要"收其放心"。又是伤春，又要游园，这"心"都跑到哪儿去了？还怎么"收"？劝说无效，他索性告假回家了。很明显，类似陈最良这样的人物形象在文学艺术作品中并不少。还有些人物被刻画成满嘴仁义道德，转过身就男盗女娼，一副道貌岸然的样子，如巴金《家》中的孔教会会长冯乐山，其实是个好色变态的家伙。看到他们，人们就会戏称：真是一个假道学！不知不觉，人们总是把假道学和理学联系起来。

这当然是对理学大大的误解。"理学"是对宋明时期学术整体的概括，从11世纪中期产生至18世纪中期式微，前后持续了700多年时间。"理"，义理之意，理学就是以阐述和发挥传统儒家典籍义理为主的学问,是相对汉唐的注疏之学而言的。理学又被外国学者称为新儒学、新儒家。理学有广义和狭义之分:广义上的理学涵盖了宋明时期所有的儒学流派,有主流学派如濂学、洛学、关学、邵学、象山心学、湖湘学等,有非主流学派如新学、涑学、蜀学、婺学、永康学、永嘉学等;狭义上的理学则专指上述的主流学派。

程朱学说只是其中的一支,程指北宋的程颢、程颐兄弟,朱指南宋的朱熹。朱熹是二程的传人,并且继承发挥了二程的观点,他们都以"天理"作为最高的哲学范畴,所以将他们的观点并称为程朱理学。《宋史》专门为濂、洛、关、邵及其后学立《道学传》,意思是传道之学,传自尧、舜、禹三代以来的圣人之道。今天我们为了叙述方便,将程朱学说称为程朱道学,其他各派或根据创始人的居住地命名,如濂学、洛学、关学、湖湘学、涑学、蜀学、婺学等;或根据该学派的思想特点命名,如心学、象数学、新学等。所有以上学派统称为宋明理学。

和先秦、汉唐的儒学相比,理学在吸收以往优秀成果的基础上,

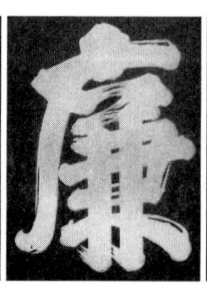

朱熹"忠孝廉节"碑
"忠孝廉节"为南宋理学家张栻提出、朱熹手书刻石,现嵌于岳麓书院讲堂。此后"忠孝廉节"之训遍及天下,成为千古美德

湖南岳麓书院"学达性天"匾额

"学达性天"由康熙手书,并赐给各大书院,主要表彰这些书院对于传承理学、培养人才的贡献。"学达性天"主要指通过学习、养性,达到性命合一、天人合一

融合了佛教和道家的思想,所以具有更强的思辨性。理学家们充分发挥先秦儒典关于天道和人性方面的思想,围绕理、气、心、性等哲学范畴各抒己见,在交流辩论中思想日益深邃,亮点纷呈。他们绝不是闷坐书斋、空谈心性、不谙世故的腐儒,而是积极入世、切身实践、经邦济世的大儒。二程断案明察秋毫,朱熹任地方官时正经界、建社仓、劾贪赃、兴教育,政绩卓著。更有明代王阳明那样实现了儒家立德、立功、立言"三不朽",文武全才的心学家。他们中的大部分既是思想家,又是文采斐然的文学家;既是教育家,又是书画造诣很高的艺术家。理学以其哲学的高度、思考的深度、研究的广度使中国学术达

到了一个巅峰,为中国学术史添加了辉煌的篇章。

好端端的一代学术,为什么会给人"假道学"的恶劣印象呢?这得归罪于明清两朝的思想控制。元代中期以后程朱道学成了统治思想,成为官方化了的理学。统治集团总是从自己的利益出发,将理学的一些重要命题简单地化作一句句空洞的口号加以宣传,如"存天理,灭人欲"、"饿死事小,失节事大",不惜歪曲,不惜夸大,理学彻底沦为统治的工具。官方化了的理学与真正的理学有着本质的区别。但是长期的愚民统治让人们无暇或者没有能力去分辨二者的不同。近代,新文化运动中人们提出"打倒孔家店"的口号,表示与封建王朝从制度到文化上的彻底决裂。人们对封建专制制度的痛恨似乎已经不容许有任何封建社会的东西存在,更不用说去细细分辨什么是精华什么是糟粕了。他们把洗澡的脏水连带孩子一起泼掉,宋明理学就这样不分青红皂白地连同专制制度一道被唾弃。

今天,我们终于可以不必受那一时期狂飙思潮的影响,可以坐下来平心静气地回顾那段儒学的辉煌岁月,感受那一个个理学家忧国忧民的情怀、坦荡洒脱的胸怀,聆听他们理性的声音,体悟他们那深邃的思想。

小知识◎文学作品中的"假道学"

> 鲁迅小说《祝福》刻画了祥林嫂这一可怜可悲的人物形象,同时还有鲁四老爷、四婶、柳嫂等角色。鲁四老爷是个讲理学的老监生,守旧顽固,和"我"初次见面就大骂康有为——康梁变法废除科举断了这些人的仕途。他的书房里有

副对联,其中一面写着"事理通达心气和平",书桌上摆放着《近思录集注》、《四书衬》、《康熙字典》,看来是个醉心于程朱理学的士绅。然而就是这样一位熟读朱子书的人,第一次见祥林嫂就皱眉头,嫌人家是个寡妇;第二次见祥林嫂便私下告诉老婆"这种人似乎很可怜,却是败坏风俗的。祭祀时用不着她沾手,否则不干不净,祖宗是不吃的"。祥林嫂因为记性坏甚至忘记淘米做饭被赶出鲁家,在新年的祝福中死去,鲁四老爷听说后高声叫骂,说她不早不晚赶在这个时候死去,是个"谬种"。一个终日浸淫程朱理学的老监生,却没有半点理学要求的恻隐之心,更没有做到对联上说的"事理通达心气和平,表面上一本正经,私下里却自私自利、心胸狭隘,虚伪到了极点。

在巴金先生的小说《家》中,孔教会会长冯乐山,满口仁义道德,骨子里却是个好色变态的虐待狂。60岁的他看上了高家聪明美丽、只有17岁的丫鬟鸣凤,就立刻向高老太爷索要,要纳鸣凤为妾。鸣凤投水而死。高家便将丫鬟婉儿送给了冯乐山。婉儿在冯家备受煎熬虐待,她的身上疤痕累累,不是烫伤就是打伤。冯乐山完全是一个披着孔教会外皮而实际心如毒蝎、荒淫无耻的假道学。

一 时代背景：内忧外困

任何思潮的产生都是在很多内外因素的共同推动下产生的，理学也不例外。归结起来，无外乎四个字：内忧外困。

1. 汉注唐疏遭厌弃

宋明理学产生之前，儒学主要表现为对经典的注和疏。历经秦火战乱，到了西汉初年先秦的典籍已经所剩无几。除了人们私藏的古文经之外，很多典籍都要靠那些老儒们口耳相传背诵得来，于是有了古文经学与今文经学之别。以先秦的古文字"篆书"书写的儒家经书称为古文经，训释、研究古文经的学问称为古文经学；今文经学则采用汉代通行的隶书写成，注重阐发经文的"微言大义"，主张通经致用。研习古文经学的往往采取烦琐的注释方法，认真地注解每一个字，常常千言甚至上万言，一部经下来就要几百万言，乃至有人皓首穷经，一辈子也注不完一本书，思想上更是乏善可陈。研习今文经学的如董仲舒，则大量吸收阴阳家的思想，在发挥微言大义的同时又不免严重脱离经典的原意，最后使儒学走向神秘。

至唐代，学者们又以"疏"的形式对汉"注"做进一步的解释，却采取"疏不破注"的原则，规规矩矩地不越雷池一步，这当然也谈不上创新。唐代重诗赋和政论的科举取士方式也让儒生们不愿意把精力放在钻研经书上。这样儒学就渐渐失去了活力，也极大地引起了人们的反感。物极必反，理学就是对汉注唐疏的反动和突破。

伏生授经图

明代杜堇绘,立轴,绢本设色,纵147厘米,横104.5厘米,美国大都会艺术博物馆藏。伏生为汉代济南人,字子贱,原为秦博士。秦始皇焚书坑儒后,儒学受到极大打击,至西汉文帝时,求能治《尚书》的人,时伏生已90多岁了,老不能行。文帝使晁错往受,得28篇,即《今文尚书》

董仲舒像
董仲舒（约前198～前106年），汉代名儒，据说他年少时读书刻苦，曾"三年不窥园"。他向汉武帝建议"罢黜百家，独尊儒术"，从此儒学成为官学

宋人科举考试图
科举考试是古代下层民众改变命运的唯一通道。明清考试用的八股文只要求死记硬背，不求甚解，也难怪理学僵化

2. 儒门淡泊归释氏

佛教、道教在隋唐时期获得了充分的发展，都不同程度受到朝廷的扶持。尤其是佛教，在经过了与中国文化几百年的碰撞交融后，不仅教派林立，而且理论上更加精湛、成熟。到了唐代中后期，禅宗以它言简意赅、朴实明白的特点，不仅受到老百姓的追捧，也吸引了大批士人参禅学禅。很多人都以居士自号，如王维是摩诘居士，白居易是香山居士等。白居易任杭州太守时，当地有位鸟窠禅师，白居易便去请教："佛法的大意是什么？"

鸟窠禅师答："诸恶莫作，众善奉行。"

白居易鼻孔里哼了一声，说："这个，3岁的小孩也说得出。"

鸟窠禅师说："虽然3岁的小孩也说得出，但未必80岁的老翁能够做得到。"

白居易大为叹服。

虽有中唐韩愈的激烈排佛、晚唐武宗的灭佛，但仍挡不住儒门士大夫奔向佛门的脚步。究其原因，除了佛教的理论诱人外，王维的《叹白发》颇能说明问题：

王维像

王维（701～761年），字摩诘，世称"诗佛"。安史之乱后，他因曾被俘接受过伪职，所以被降职。后虽有所升迁，他却逐渐消沉，过着亦官亦隐的生活。

宿昔朱颜成暮齿，须臾白发变垂髫。
一生几许伤心事，不向空门何处销？

宦海沉浮，使人不由得产生悲凉和失落之情。这种情感向何处倾诉？唯有寄托佛门。世事无常，仕途难料，与王维心境相同的当不在少数。到了北宋，形势每况愈下。据记载，王安石有一次问张方平："孔子去世百年，生孟子，后绝无人，或有之，而非醇儒。"方平曰："岂为无人？亦有过孟子者。"安石曰："何人？"方平曰："马祖、汾阳、雪峰、岩头、丹霞、云门。"安石意未解。方平曰："儒门淡泊，收拾不住，皆归释氏。"安石欣然叹服。

张方平所列举的这些人都是禅门高僧。"儒门淡泊，收拾不住，尽归释氏"，说明儒家因为理论上缺少创新，难以与佛学匹敌，已经危机重重。这一客观现实迫使一些有识之士奋起斯文，决心拯救儒学于危亡。他们通习儒经，出入佛老，将儒释道有机结合起来，终于使儒学焕发出新的生机。

3. 文人自由天下平

思想上的创新需要自由的外部环境，宋王朝恰恰提供了这样的环境。宋太祖赵匡胤"杯酒释兵权"，重用文官，又在祖庙立碑，上刻"誓不杀士大夫及上书言事者"作为祖训，思想和学术因此获得了前所未有的解放。言论不再轻易获罪，大家敢想敢说也敢做了。即使做得不合上意，也只是降职或去职而已，不会有性命之忧。以王安石和苏轼为例。王安石主持变法，大刀阔斧，但是因为有些措施过于急切偏激，遭到朝野的强烈反对，反对者或被贬谪或被闲置。苏轼就是反对者之一。苏轼被贬谪到地方，直到宋哲宗继位方回朝任职翰林院。据《邵氏闻见后录》记载，一日，高太后（宋神宗生母，哲宗年幼，遂辅政）问他："学士前年为何官？"苏轼答："汝州团练副使。""今为何官？""翰林学士。""何以遽至此？""遭遇太皇太后陛下。""不关老身事。"于是苏轼便说是因为皇帝或者大臣们推荐，但都被否认。最后，高太后告诉他"是神宗皇帝之意"，神宗每每吃饭时都被苏轼的文章吸引而忘记用膳，并连呼其"奇才"，所以对苏轼只是贬谪而不是黜置不用，以留待将来重新起用。不管高太后所言真假与否，我们还是可以看出宋王朝对人才的重视、珍惜。王安石变法失败，也只是赋闲回家直至病逝。整个北宋，没有出现某个文人因言论或政见不合而被处死的情况。这无疑为学者们大胆怀疑、大胆创新提供了自由的空间。

4. 书院学风浓

书院起始于唐代，乃是朝廷修书、藏书之所。到了宋代，书院已不再具有这一功能了，而是发展成书院教育制度，成为学者们从事教育、自由讨论和专心学术研究的场所。后世所说的著名"四大书院"就形成于宋初：白鹿洞、嵩阳、岳麓、应天（睢阳）。宋太宗和真宗还先后赐匾额和经籍给这些书院，从而激发了全国兴办书院的热潮。学而优则仕，仕而优则学，学者们要么做官之余到书院讲讲课（如司马光、范仲淹都曾在嵩阳书院讲课），要么专心讲学心无旁骛（如程颢、程颐兄弟）。众多的书院培育了宋代良好的学风，为理学的诞生创造了良好的外部环境。

经过中唐儒学的复兴，又经宋初几十年的酝酿，当儒学变革的种子开始萌芽，而外部环境又适合它的成长时，新的理论便喷薄而出，随即百花齐放。

白鹿洞书院

白鹿洞书院位于江西庐山五老峰南麓,享有"海内第一书院"的美誉。南宋朱熹曾主持白鹿洞书院,它成为传习理学的重要基地并扬名国内

二 理学的产生:"儒佛结婚的新学派"

理学的诞生并非异军突起,而是经历了从唐代中期至北宋中期近300年的理论铺垫和发酵。

1. 理学的前奏：
中唐儒学的复兴

通常认为，着手复兴儒学，为理学之先驱的是中唐的韩愈和李翱。韩愈（768～824年），字退之，号昌黎，世称韩昌黎。孟州河阳（今河南孟州）人，唐宋八大家之一。他一生排佛，晚年因上书劝谏唐宪宗迎佛骨之事，被贬至潮州。他发起古文运动，提倡文以载道，反对六朝只重形式的骈体文风，要求摆脱名物训诂，而注重义理的研究。他著《原道》，为儒家梳理了一个道统：尧—舜—禹—汤—文—武—周公—孔—孟，孟子去世后道统中断，直至他韩愈接续。这个道统说为后来的理学家们所采纳，只不过有时候韩愈会被排除在道统之外。他还作《原性》，认为人性分上中下三品：上品纯善，下品纯恶，都不能改变，唯有中品可善可恶，需要通过后天的教化导之向善。这一思想也给后来的理学提供了新思路，既承认人性的先天本善，又承认人性的后天可变。

李翱(772～841年)，字习之，唐陇西成纪(今甘肃秦安东)人，是韩愈的学生。谥文，世称李文公。他著《复性书》，在韩愈的基础上，

韩愈画像
韩愈生活在门阀士大夫耻于从师的年代,所以他特意作《师说》,论述从师学习的重要性和择师原则,并不顾时人的讥笑,与李翱以师弟子相称,引领一代师风

深入探讨人性问题。他认为人性本善,但人的情欲却是恶的,情欲使人性迷惑不清。应当"教人忘嗜欲而归性命之道",复性返本,才能达到圣人境界。具体方法:先斋戒,使心无思无虑;然后至诚,使心进入绝对静止的状态,情欲不再发作,善的本性就恢复了。他的"性善情恶"说以及修养方法,对宋明理学的"去欲存理"说和分人性为天命之性与气质之性的思想有直接影响。

此外,柳宗元和刘禹锡对儒学的复兴亦有理论贡献。通常认为,他二人是文学家,其实他们还是思想家。鉴于佛教讲"空",道家谈"无",他们采用了传统的元气说,认为世界统一于元气,天地万物都是元气运动变化的结果,并借用荀子"天人相分"的思想指出,天有天的运行规律(命),人有人的主观能动性(力),人完全可以按自然规律建立自己的法纪。以元气作为世界的本原,从本体论的高度反对佛老,给了宋明理学以重大启示。

相比后来的宋明理学,中唐儒学在理论上无疑没那么深刻,但是其开创之功不可抹杀。首先,他们不再停留于训诂、注疏,而是从义理的角度诠释先秦儒家典籍,李翱的《复性书》就是对《中庸》的发挥。其次,内容上,他们开始积极建构理论体系以对抗佛道,而不是单纯地批评。孔子弟子子贡曾感慨:"夫子之文章可得而闻也,夫子之性与天道不可得而闻也。"也就是说,孔子在人性和天道方面的论述非常少,而这两方面的思想恰又是佛教与道教的长处。要想真正与佛道抗衡,必须在这两方面有所建树。《论语》中这方面的论述少,

柳侯祠

柳宗元在柳州任职4年，兴文教、释奴婢、修城郭、植树木、移风易俗，政声颇著。他死后的第三年，地方人士按照他"馆我于罗池"的遗愿，在罗池旁建庙以作纪念。宋代追封柳宗元为文惠侯，故此庙于宋崇宁三年（1104年）改称柳侯祠

不代表其他典籍中也如此，《中庸》、《周易》、《孟子》、《荀子》等关于人性与天道的思想就很丰富。所以韩愈等人充分利用上述资源，发挥了孔子那不可得而闻的性与天道，为理学的深入奠定了基础。再次，在理论思维上，他们不再将佛老思想排斥在外，而是将其与儒家思想有机结合起来，提升自家的理论水平。李翱的"斋戒"方法就是吸收了道家的心斋坐忘，并与《中庸》"至诚"相结合的结果。这一点对理学启发甚大，理学能够建立一个个形而上的体系，对心性的研究不断深入，与其不断吸收佛道分不开。

综上所述，中唐儒学开了宋明理学的先河。

《孔子圣迹图》（局部）

清代焦秉贞绘，册页，绢本设色。美国圣路易斯美术馆藏。此图所绘为孔子周游列国、游说诸王的故事。孔子一生收徒，其中贤者72人。先秦诸典籍中有关孔子的言论，成为后世儒家研究不尽的宝库。有人作诗说："天不生仲尼，万古如长夜。"虽然夸张，却道出了孔子的地位

2. 理学的奠定：宋初三先生

中唐儒家以义理解经的风气绵延至宋初。书院兴起，涌现出三位思想家，他们虽然不是理学家，但却进一步奠定了理学的基础，号称"宋初三先生"，即胡瑗、孙复和石介。

胡瑗（993～1059年），字翼之，泰州如皋人，因世居陕西安定堡，所以被弟子称为"安定先生"。宋初思想家、教育家。他7岁能文，13岁通儒学"五经"，并以圣贤自期许。因家境贫寒，往泰山求学，与孙复、石介同学，前后10年之久。每次收到家书，看到上写有"平安"二字，就扔到山涧里，免得干扰自己学习。一开始他在吴中授学，范仲淹十分器重他，聘请他为苏州教授。仁宗景祐初年，范仲淹又把他推荐给

胡瑗像

胡瑗64岁时任太子中舍、天章阁侍讲，同时兼在太学协助博士的考教训导与执掌学规。他虽身为命官，却始终保持师生平等，常与学生切磋交流，形成了一种"沉潜、笃实、醇厚、和易"的学风。当时的受教者包括皇室多位储君、众多知名学者及礼部中的近半官员，故他深得学生与朝中上下的敬重，视他为一代宗师，神宗称他为"真先生"

二 理学的产生："儒佛结婚的新学派" | 21

范仲淹画像
范仲淹(989~1052年),字希文,苏州吴县人,累官至参知政事,主持庆历新政,旋即失败。他的"先天下之忧而忧,后天下之乐而乐"成为千古名句

朝廷,任校书郎、推官等职。后来他被聘为湖州教授,前后20余年。在湖州,他率身垂范,并在教学上大胆创新:设立"经义"与"治事"二斋,重义理,注实效,因材施教,声动一时。庆历年间,仁宗下诏令太学取法苏湖教法。胡瑗后任教于太学,曾以"颜子所好何学论"为考试题目,看到程颐的作文后大为赞叹,并委以学职。程颐亦十分敬重胡瑗,曾对人说:"凡从安定先生学者,其醇厚和易之气,一望可知。"由此可见胡瑗的为人。胡瑗终年67岁,谥文昭。明朝嘉靖年间,从祀孔庙,称"先儒胡子"。有《周易口义》12卷传世。

孙复(992~1057年),字明复,山西平阳(今山西临汾)人。曾4次参加科举,均落第。家贫无以自养,便去拜谒范仲淹,范赠钱一千。第二年又去拜谒,又获赠一千。范仲淹觉得他辞气非常,不忍他为生活奔走,于是给他提供学职,并教他《春秋》。第二年,范仲淹离开当地,孙复亦辞职,退居泰山,著《春秋尊王发微》。10年后,孙复声名远扬,朝廷召用,为国子监直讲。卒时年66岁。

石介(1005~1045年),孙复的学生,字守道,山东奉符(今山东泰安)人,人称徂徕先生。他为人疾恶如仇,敢作敢为。做学生时,安贫苦读,无有出其右者。有人将会客后剩下的美食送给他,他推辞说:"我当然想吃美味,每天享用还好,如果只是一餐,明日就难以为继。喜美味厌粗食,乃人之常情,所以我不敢接受。"后任国子监直讲等职。终年41岁,有《徂徕集》行于世。

以上三人被称为"宋初三先生",更被后人当作理学之先驱。因

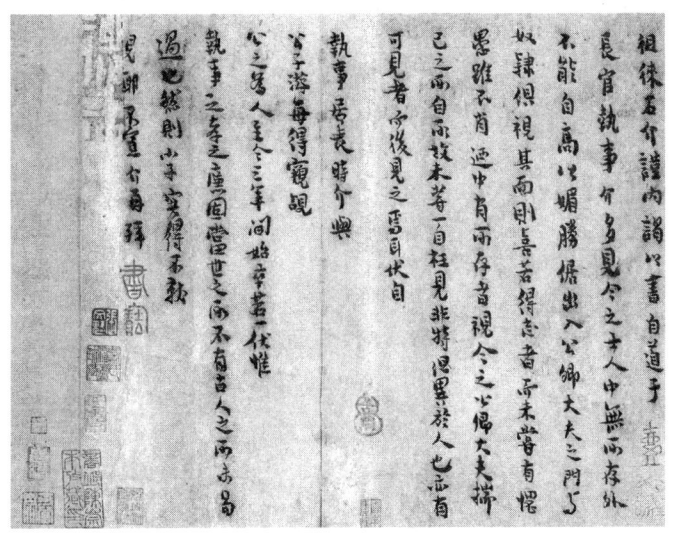

石介行楷书《与长官执事札》
这是迄今发现石介唯一的存世墨迹，具有重要的历史和艺术价值。这开尺牍《与长官执事札》是石介准备见一位官员前的投书介绍，文中对当时士人风气的鄙视和自我清高的态度，与史传中所记载的石介为人是一致的

为他们三人不仅在思想上有共性，而且开宋代思想新风气。首先，他们的经历颇为相似。他们都家境贫寒，所以读书都刻苦异常，然后有所成就；都曾任京都国子监直讲，以身示范，为天下学子尊奉。其次，他们都研究《春秋》，发挥尊王攘夷的思想，以儒学为正统，抨击佛道。如石介，认为佛老最大的危害就是"坏乱破碎我圣人之道"，他比韩愈更要求捍卫尧舜周孔之道。再次，他们都反对汉唐以来的浮华文风，提倡尊经重道。胡瑗提倡"明体达用"之学，石介则抨击当时流行的"西昆体"，提倡"尊韩"："三纲，文之象也；五常，文之质也。"文学是形式与内容的统一，他们推崇儒家经典，要求发挥经典中的微

北京国子监辟雍

国子监是中国古代的官办大学,始设于隋代。宋初承五代后周之制,设国子监,招收七品以上官员子弟为学生。元丰改制前,国子监官员有判监事、直讲、丞、主簿等

山东邹城孟庙亚圣殿

孟子被韩愈列为儒家道统继承人之后,其地位就一路上升。1071年,《孟子》被作为科举考试科目。1084年,孟子配享孔庙;1330年被封为亚圣公,地位仅次于孔子

言大义，以道胜而不以文胜。所有这些思想都为理学所继承。

从这我们也可以看出，"宋初三先生"的贡献并不在理论上有多创新，而在于他们一改汉唐注疏的僵化学风，重在发挥儒经的义理思想，为后人提供了范例。

此外，这个时候出现了一股疑古之风。欧阳修作《易童子问》，用对话的方式提出质疑：《周易》"十翼"并非孔子所作。在孟子地位不断提升的同时，也有学者非孟诋孟，具有代表性的，有李觏（1008～1059年）作《常语》，司马光作《疑孟》，冯休作《删孟》，郑厚作《艺圃折衷》，晁说之作《诋孟》，苏轼在《论语解》、《孟子辨》中对孟子也颇有微词。小疑则小进，大疑则大进，不疑则不进。怀疑是创新的前提，对经典的怀疑意味着这些思想家们再也不想墨守成规，而是要结合具体现实重新演绎经典了。

3. 理学初成：理学的第一个春天

理学的正式形成，是从周敦颐创建太极说开始的。他从本体的高度解释宇宙的化生，标志着理学的正式形成。与之同时，张载的关学、王安石的新学、二程的洛学、苏氏父子的蜀学、邵雍的象数学也几乎同时相继成形问世。理学从一诞生就呈现出百家争鸣、欣欣向荣的气象。周、张、二程、邵并称"北宋五子"，因为他们的思想在后来都各有传承发展，构成了宋明理学的主流，其他各家则随着时间的推移和政治的变动逐渐湮没无闻了。

濂学

周敦颐（1017～1073年），字茂叔，湖南道州营道（今湖南零陵）人。曾任转运判官、提点刑狱等职。他善于断案，可谓明察秋毫。晚年定居于庐山莲花峰下，庐前有溪，他就用家乡的濂溪为其命名，他也被称为濂溪先生，死后追谥元公，从祀孔庙，称"先儒周子"。他所创立的学派称为濂学，著有《太极图说》、《通书》等，现有《周敦颐集》

岳麓书院濂溪祠

濂溪祠，清嘉庆十七年（1812年）始建于六君子堂基地，祠内有"超然会太极"匾，祠内壁上有《移建濂溪祠》石刻

出版。

周敦颐的《太极图说》将《周易》和道教的太极图结合起来，以"太极"为本原，提出了"太极—阴阳—五行—乾坤—万物"的宇宙化生次序。太极就是指形而上之道，因为道家之"道"不可言说，所以假借"太极"这个名称，表示最高之意。形而上的道需要通过具体的事物表现出来，这就是阴阳。太极有动有静，动表现为阳气，静则表现为阴气，由阴阳二气化生金、木、水、火、土五种物质，再由五行化生天地，天生地长，万物形成。人生天地之间，吸收了天地之精华，五行之秀气，所以为万物之灵。而圣人又是人中之最秀者。太极化生万物，圣人以之"立人极"，人极就是诚，"诚，五常之本、百行之

二 理学的产生："儒佛结婚的新学派" | 27

颜回像

颜回是孔子最得意的弟子,小孔子30岁,以勤奋好学、安贫乐道著称。不幸31岁就去世了,孔子悲恸不已,连声大呼:"天丧予,天丧予!"

源也"。而要达到诚的境界,主要通过主静、无欲。因此,周敦颐提出"纯心"和"诚心"说。什么是"纯"?就是人的一切言行均不违礼,并努力修行仁义礼智四德,没有任何私心杂念。"诚心"则继承《大学》的说法,以修身为平治天下之本,"端本,诚心而已矣"。

做人的目标是什么?周敦颐明确提出:"圣希天,贤希圣,士希贤。"也许圣人离我们很遥远,但是贤人就在我们身边。商代的伊尹因君主太甲不遵守成汤的法典,反复劝导无效,便将他流放,三年后,太甲有悔改之意,又将他迎接回来。太甲悔过自新,成为明主,伊尹也因此成为贤臣。孔子学生颜回居住在陋巷,生活很艰苦,但颜回却自得其乐,是孔子最得意的弟子。孔子亲口赞美颜回:"贤哉,回也!"颜回为人从不迁怒别人,同一问题绝不犯第二次错误,并能连续三个月按仁德要求自己。士子们要想成为贤人,应当"志伊尹之所志,学颜子之所学"。当然圣人也是可学的,只是要求更高些,即做到"无欲"。摒除贪欲才能动静自如,不受外界干扰;做到清静,才会虚心体会进而通达圣人之道;行为中规中矩,才能大公无私并推之于天下。归根结底,贪欲是妨碍人们成圣成贤的大敌,需要勤行修养。

周敦颐从天之道推广到人之道,以诚为本,以欲为戒,重新发明先秦经典思想,让人耳目一新。他为人洒脱,待人和气,宋代文学家黄庭坚评价他:"胸怀洒落,如光风霁月。"他淡泊名利,不为仕途奔竞;任地方官则尽心尽责,为百姓办实事;志趣高雅,追求自然。

他的窗前杂草丛生,从不除去,以此观察体会宇宙生生不已的奥妙。二程的父亲程珦见他辞气不俗,就命自己的两个儿子程颢和程颐跟他学习。程颢后来回忆说:"昔受学于周茂叔,每令寻仲尼、颜子乐处,所乐何事。"颜回所学,即是学做圣人;孔、颜所乐,即是因圣人之道而乐。周敦颐让学生们体会孔、颜之乐,既与他自己的志趣相符,也意在让他们树立学做圣人的目标。所以,程颢谈到他受学于周敦颐的体会,说:"自再见周茂叔后,吟风弄月以归,有'吾与点也'之意。"《论语》记载,一次,孔子让几位弟子谈谈自己的志向,唯有曾晳(名点,字子晳)的志向与众不同,他的志向是:在暮春三月,穿上春天的衣服,和五六位成年人、六七个少年,沿着沂河边散散步,在舞雩台上吹吹风,一路唱着歌走回来。孔子喟然叹曰:"吾与点也。"意思是,我赞同曾晳的想法啊!无论是曾晳的暮春游赏,还是周敦颐的体察自然,都体现了天地与人合为一体的境界。程颢的性格和为人与乃弟迥然不同,除了天生的因素外,与周敦颐的影响不无关系。

关学

张载(1020～1077年),字子厚,世居开封,后侨居陕西眉县横渠镇,人称横渠先生。他幼年父母双亡,所以很早就自立。少年时喜欢谈论军事,18岁上书范仲淹,请求对洮西用兵。范仲淹见他志向远大,就劝他:"儒者自有名教可乐,何事于兵!"还亲自书写《中庸》一篇送给他。张载读罢,意犹未尽,遂研习佛老,希望有所收获,但穷极其说,也没什么结果,于是他又返归儒学。嘉祐初年,他来到首都开封,设虎皮座开讲《周易》,听他讲课的人特别多。一天,二程兄弟前来拜访。论辈分,张载还是二程的表叔。三人坐而论《易》,

张载像
朱熹曾赞扬张载:"早悦孙吴,晚逃佛老。勇撤皋比,一变至道。精思力践,妙契疾书。订顽之训,示我广居。"

谈罢,张载十分佩服,第二天就对那些听他讲课的人说:"见到二程,才知道我不如他们。他二人深明《易》道,你们去跟他们学吧。"撤座罢讲。又跟二程讨论儒家之道,之后自信地说:"吾道自足,何事旁求!"尽弃佛老之学,学问日渐纯粹。

后中进士,曾任军事判官、崇文院校书等职。因不喜王安石新法,遂托病回到横渠,闭门著书。史书记载,他"终日危坐一室,左右简编,俯而读,仰而思,有得则识之,或中夜起坐,取烛以书"。可见他的文章是他覃思妙想的心得之作。他所创立的学派称为关学。他去世后,嘉定年间赐谥献公,从祀学宫,其传世之作都被收到《张载集》中。

针对佛教"四大皆空"、道家"有生于无"的思想,张载提出"太虚即气"的观点。太虚就是指天,整个宇宙。整个宇宙看上去空空荡荡的,什么都没有,其实充满了气。太虚就是气的本然状态。太虚之气氤氲相荡,聚而为气,气聚而为万物;万物散而为气,气散而为太虚。所谓道,就是太虚之气化的过程。人的本性根源于太虚的本性。太虚之气湛一纯粹,所以人之本性纯善无杂,称为天地之性。太虚之气化作具体的气,气就有了自己的属性,有清有浊。人生之后因禀气的不同,就有了刚柔缓急的不同,称为气质之性。天地之性具体表现为仁义礼智,气质之性则表现为饮食男女等自然属性。这意味着人性本是纯善的,因为有后天的欲望,所以有善有不善。要恢复本性,就要摒除欲望,修身养性。

太虚没有形状,通过感觉器官没法直接感知,又如何认识呢?张载提出了"大心"说。"大其心则能体天下之物,物有未体,则心为有外。"其隐含之意,即天下之物其实皆在我心中,关键在于能否尽自己的心去认识。世上之人,仅仅满足于耳目闻见之知,过于狭隘,所以难以认识天下之物,唯有摆脱闻见的桎梏,"视天下无一物非我",尽心体认,则知性知天,我心与天心合一矣。他特意作《西铭》,抒发了"民胞物与"的天地万物与我一体的思想。他指出,天生育万物,地滋长万物,所以天地乃万物之父母。人与万物同生天地之间,那充塞宇宙之中的,莫不与我同类;那禀受天地之气的,莫不与我同性。百姓皆我同胞,万物皆我党与。老吾老以及人之老,这就是孝;慈孤幼,视天下之鳏寡孤独、疲癃残疾都是自己的兄弟,这就是仁;存心养性,无论富贵还是贫贱,都毫不懈怠,这样才无愧于天地。将自己看成自然界的一分子,并不代表渺小,相反,作为万物之灵长,人负有更高的使命:"为天地立心,为生民立极,为前圣继绝学,为万世开太平。"充分体现了张载强烈的责任感和远大的抱负。

《西铭》备受同时代乃至后人推崇。程颢就说这是继孟子之后义理思想最好的文章,也是张载作品中最纯粹的一篇。二程、朱熹、张栻等都在讲学中评价过这篇文章,并借以发挥自己的思想。张载为人表里如一,就如这篇文章所写的一样。他退居横渠后,生活清苦,没什么积蓄,但是如果遇到比他还穷的学生,他就会倾囊相助。他去世后,

张载墓碑

张载墓位于张载祠南 7 公里处的大镇谷迷狐岭,是张载及其父张迪、弟张戬的安葬之地,陕西省重点文物保护单位

竟无钱办理丧事，还是从京师赶来奔丧的学生解决了这一难题。他忠君爱国，体恤民情。听说宫中皇子降生，就喜不自禁；看见饿殍满地，便连饭也吃不下。

洛学

二程创立。二程指程颢和程颐。他们是河南人。程颢（1032～1085年），字伯淳，人称明道先生。多次任地方官，明于断案，治绩卓著。在朝任监察御史，则谆谆劝诫宋神宗去欲明理。卒，追谥纯公，从祀孔庙。程颐（1033～1107年），字正叔，人称伊川先生。曾任宋哲宗老师，因为为人严毅，近乎古板，为朝中大臣不喜，皇帝也不买他

程颢像
朱熹曾赞程颢："扬休山立，玉色金声。元气之会，浑然天成。瑞日祥云，和风甘雨。龙德正中，厥施斯普。"

程颐像
朱熹赞程颐："规员矩方，绳直准平。允矣君子，展也大成。布帛之文，菽粟之味。知德者希，孰识其贵。"

二 理学的产生："儒佛结婚的新学派"

的账。哲宗亲政后,新旧党争终于酿成党祸,程颐受到连累,被贬到外地。直到临死,才复官致仕。死后追谥正公,从祀孔庙。

二程曾自述,他们本来研习举业,十五六岁那年,遇到了汝南周敦颐,听他论学,遂厌科举之习,慨然立志求道。他们泛滥于诸子百家,出入于佛老多年,最后又返回儒家,研习六经,终于有所收获。他们的著作和语录被统一整理成《二程集》。

洛学是二程兄弟共同创立的,但因为性格迥异,所以二人处世风格、语言特色乃至思维方式都有很大差异。程颢为人和气,平易近人,人们跟他谈话有如沐春风的感觉。他的弟子回忆,朱揆在汝南见到程颢,回来后逢人便说:"某在春风中坐了一月。"程颐则为人严肃,不苟言笑,有些刻板。跟他在一起,会让人拘谨不安。有两件事颇能说明他二人的这种不同。同样是与门人讨论,如果遇到见解不一致,程颢会说再商量,程颐则直接否定对方说法。还有一次二人跟随父亲外任,晚上住一寺庙。进寺庙时明道进门朝右走,随从都跟在他后面;伊川进门后朝左走,后面没一个人。连伊川也承认:"这正是我不及家兄的地方啊!"程颢有时候还开开玩笑,程颐则从来都是一本正经,严厉得有些不近人情,所以门人在他面前从不敢放肆。"程门立雪"的典故就发生在程颐身上。他闭目养神,弟子杨时和游酢在旁侍立,老师不发话,他们不敢擅自离开。过了大半天,程颐才睁开眼睛,说:很晚了,你们回去吧。这两人出门一看,外面的大雪已经一尺多厚了。二人性格不同,表现在思维方式上,程颢比较洒脱,气象高远,给人超凡脱俗的感觉;程颐则较严谨,重循序渐进,给人一板一眼的印象。但在根本观点上二人是完全一致的,即以"天理"为核心为儒家的伦理纲常提供形而上的依据。

二程不同意周敦颐以太极作为本原,毕竟那与道家划不清界限;

程门立雪

程颐闭目养神,外面下着大雪,弟子杨时和游酢侍立两旁。良久,程颐才睁开眼睛,告诉他们可以离开了。两人出门一看,雪已经一尺多厚了。"程门立雪"一方面说明了师道尊严,另一方面也反映了程颐严厉的性格令弟子生畏

也不同意张载以气作为本原,因为气也属于形而下的具体物质。那么世界的本原是什么呢?"天者,理也","理便是天道",天理才是万事万物的最终依据。"天理"一词在《乐记》中就出现过,主要指天之道。二程借用过来,赋予它新的含义。天理就是那即便山河大地都塌陷了也还独立存在的永恒的宇宙本体。天理是抽象的,通过具体的事物表现出来。这具体的事物就是气。理派生出气,气派生出万物,所谓"理不可见,见之于气"是也。天理又是客观的,"不为尧存,不为桀亡",是独立于人心之外的。万事万物皆有理,天理只有一个,具体事物之理乃是天理的分殊,即天理在不同事物上的具体表现。要认识这天理,就需下功夫"格"具体之物理。"格"就是研究的意思,

二 理学的产生:"儒佛结婚的新学派" | 35

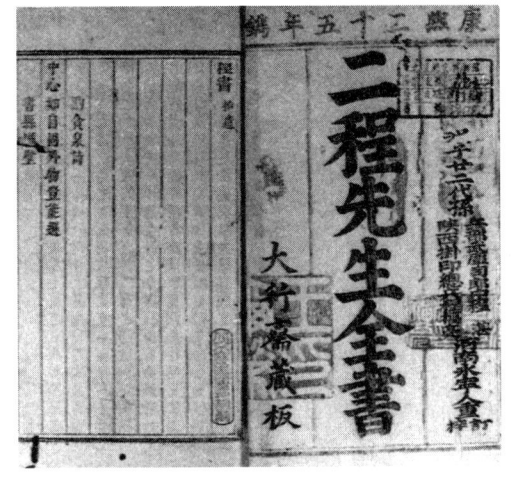

《二程先生全书》
二程的言论和著作，后人编为《二程全书》，包括《二程遗书》、《二程外书》、《明道文集》、《伊川文集》、《伊川易传》、《程氏经说》和《二程粹言》等

所谓格物，就是穷理之意。今日格一件，明日格一件，日积月累，最后豁然贯通，认识上形成飞跃。

人性就是天理在人身上的体现，天理是至善的，所以人性本质上也是善的，凡是人莫不如此，但人因禀气的不同，气有清有浊，所以人就有贤愚之别。禀得清气的为贤人，禀得浊气的为愚不肖之人。人性也是抽象的，通过具体事物体现，这就是心，而心就是气。所以养气就是养心，也就是养性。

与天理相对应的是人欲，私欲是人们认识天理的绊脚石，故须摒除。如何去欲？二程提出"主敬"说，以"敬"的功夫涵养身心。什么是敬？"主一之谓敬。"主一就是专心于某一件事。从实质内容上说，一就是指诚，而诚就是天理、天道。主一就是主诚，要求时刻将天道、天理著于心中，将全部精力和心思集中于对天理的体认。只有努力尽人事才能达天意，以实现天人合一。总的来说，敬就是专心致志于体

嵩阳书院

嵩阳书院位于河南省登封市嵩山南麓。二程兄弟都曾在此讲学,所以嵩阳书院成为理学的发源地之一,也是中国古代"四大书院"之一

"两程故里"石坊

两程故里石坊位于河南洛阳嵩县田湖镇程村,明英宗敕建,上书"圣旨",下书"两程故里",当路矗立,蔚为壮观。明清时期官吏到此,文官下轿,武官下马,步行而过,以尊旨敬程

二 理学的产生:"儒佛结婚的新学派"

认天道——诚，不受各种私心杂念影响的心理状态，也只有这样才能战胜各种私欲。

如此看来，主敬是一种功夫，不是天生就有的，需要后天培养。针对如何培养，二程提出两种方法：第一，人的外在仪表的整齐严肃会直接影响内在的心理状态。外表的整齐不仅会使自己内心变得严肃，也会使他人产生恭敬之心，所谓肃然起敬是也。相反仪表邋遢就表明自己很随便，也会使他人轻慢。即便平时居家无事，也要穿得端端正正。第二，静坐。二程发现，人到佛殿前就会自然产生敬心，而在闹市就不会有这种心理，说明幽静庄严的环境对人的心理有至关重要的影响。培养敬的心理也需要静的环境，所以他们主张静坐。"伊川每见人静坐，便叹其善学。"二程的静坐修养方法应当受了其父程珦的影响。据记载，程珦"居常默坐"而不嫌烦闷，并曾对其子说："游山之乐，犹不如静坐。"但他们都是吸收了佛教打坐的做法。静坐独处就是给自己营造一个寂静的氛围，摒除各种思虑的过程就是不断提撕警策的过程，也是敬心慢慢升起的过程。当内外一片安静，体认那超越一切乃至人类的思维还无法准确把握的天理天道时，人的内心能不产生敬畏之心吗？当认识到人的生命有限而所学所修无限时，能不产生敬慎的心理吗？

可见主敬的结果是使人形成一种发自内心的"敬"的心理状态。心中主敬则言行上自然会守礼。孔子曾提出"克己复礼为仁"，二程认为仁即是公，所谓克己就是克尽自己的私意，而如果内心主敬，则心自然廓然大公，无私可克了，这样自然做到了仁。所以所谓克己复礼而后仁，到二程这里简单化了：只要做到了敬，自然就做到了仁。

虽然二程均强调静坐，但两人的指向略有不同。明道强调静坐以体验"仁者浑然与物同体"的气象，进而达至"内外两忘"的境界；

伊川则主张严肃恭敬，通过静坐使内心专注于对天理的体认。伊川将天理和人欲截然对立起来，认为只要心中时刻主敬，就会摒除外界的困扰，人欲去尽，天理自然呈现。他的思想后来被朱熹继承。

"涵养须用敬，进学则在致知"后来被视作洛学思想的概括，朱熹将这两点比喻成车之两轮、鸟之双翼，缺一不可。

象数学

由邵雍创立。邵雍（1011～1077年），字尧夫，祖居河北范阳，幼年随父亲迁居河南共城。他少年立志，志在科举，布衣蔬食，刻苦攻读，坚持了很多年。后来觉得自己阅历太少，于是四处游历。当时共城县令李之才赏识他的才气，就传授他河图洛书等先天象数之学。父亲去世后定居洛阳，居所简陋，不蔽风雨，他却怡然自乐。后来司马光等人退居洛阳，为他置办了园宅。他经常一人一车，尽情山水，每次出游都穿着道服。城中士大夫一听到车声，都争先恐后出门相迎，儿童仆人也乐意接近并尊奉他。他在洛阳前后居住30多年，安贫乐道，自称从未皱过眉头。朝中有人多次推荐他出来做官，都被他千方百计推辞掉了。他给自己的卧室取名"安乐窝"，自号安乐先生，足见其处世态度。卒，谥康节。有《邵雍集》传世。

邵雍自从李之才处习得象数之学后，探赜索隐，妙悟神契，穷年累月，终于创立了一套新的历法，著成《皇极经世书》。

邵雍像
程颢一开始是随侍父亲从而认识邵雍的，论议终日，退而叹曰："尧夫，内圣外王之学也。"

即以数推演和解释自然变化、历史演进、人事兴衰和社会治乱的理念和方法。他的象数学分象和数两部分。象的基本范畴包括天道、太极、阴阳、动静、刚柔,以及日月星辰、水火土石等具有阴阳、动静、刚柔特性的物象。象在天为日月星辰,在地为水火土石,在物为走飞草木,在人为皇帝王伯、士农工商、性情形体等;数的基本范畴为元会运世、年月日时、天干地支。30年为一世,12世为一运,30运为一会,12会为一元,一元之数为129600年。满一元则天地将发生一次大的变化,而后又化生变化,生生不已,直至新的一元开始。

《皇极经世书》看似研究象数,实则落实到"经世"上。也就是说邵雍的象数之学实际上是经世之学。他以象数为理论基础,象和数是万事万物的两大基本存在形式。任何事物都有属于自己的"象",同时也都具有"数"的性质。通过二者之间发展变化轨迹的观察分析,可以发现事物的发展规律。他特意以"观物"二字名篇,这里的"物"当然指宇宙间一切事物,包括各种社会现象。

什么是观物?如何观物?他特意作《观物外篇》加以解释。观的主体是人,人通常站在自家的立场观察外部世界,这是带有明显主观色彩的"观"。得出的结论必然是人自己的一厢情愿,而未必是事物自身。或者可能会戴着有色眼镜,先入为主,那对事物的认识与其本身相差得就更远了。邵雍要求站在事物本身的角度观,他提出四点观物法则:①以天地观万物,则万物就是万物;②以道观天地,则天地亦是万物;③以物观物而不是以我观物,摒除主观臆见;④以理观物,不是用眼睛、用心去观,这都是主观的,而是站在事物之理即本质的角度去观。遵循这样的观物原则,的确可以发现自然、社会、历史、人事的变化轨迹和规律。

就因为他能站在客观而不是主观的立场观察宇宙,所以这种观察无疑是深刻的。他尽情山水的目的是体察天地。他留下了3000多首诗，诗集名作《击壤集》。与众不同的是，他不仅以诗言志，而且以诗阐发哲理。比如表达自己对人与天地万物的关系的看法：

> 物为万民生，人为万物灵。人非物不活，物待人而兴。
> 天听寂无音，苍苍何处寻。非高亦非远，都只在人心。
> 身生天地后，心在天地先。天地自我出，自余何足言？

人与自然是相互依存的，人离不开自然。天地的存在自然是客观的，但它的存在有没有意义，却取决于人心。正因为心对宇宙、自身的意义，所以他强调治心："心亲于身，身亲于人。不能治心，焉能治身。不能治身，焉能治人。"

邵雍一生都没做官，但不等于他只想做一个与世无争的隐士。所谓"身在林泉，心怀魏阙"，也同样适用于邵雍，只不过他是以著述立言的方式关心世事。他以诗明志：

> 只恐身闲心未闲，心闲何必住云山。
> 果然得乎情性上，更肯埋头利害间。
> 动止未尝防忌讳，语言何复著机关。
> 不图为乐至于此，天马无踪自往还。

> 四贤当日此盘桓，千百年人尚厚颜。
> 天下有名难避世，胸中无物漫居山。
> 事观今古兴亡后，道在君臣进退间。
> 若蕴奇才必奇用，不然须负一生闲。

身虽闲，心却不曾闲。如果不能学以致用，那就辜负这一生的闲适了。所以，他表面看上去很闲暇，其实一直在用心观察宇宙，找寻规律。邵雍是在用别样的方式关注社会，为人们提供解决现实问题之道。

二程、张载、司马光与邵雍都是好朋友。二程与邵雍是邻居，同巷居住近30年。不过二人对邵雍的象数学却采取截然不同的态度。程颢听了邵雍的议论后，高度赞扬他是"振古之豪杰"，其学乃"内圣外王之道"。有一次他监考的时候，闲来无事，就按邵雍的方法进行推算，结果每一件事都很准确。程颐则说自己与邵雍邻居30年，无一不谈，但从不谈数，大概是他坚持"主一"的原则，只究天理，对象数不感兴趣。一次两人在聊天，外面打雷了，邵雍问程颐："你知道雷声是从哪儿响起的吗？"程颐说："知道。但你却不知道。"邵雍很惊讶："为什么这么说？"程颐说："如果你知道，干吗还用数去推算？既然要用数推算，这说明你不知道雷声的出处。"邵雍于是问："你说你知道，那雷声从哪儿来的？"程颐说："是从它响起的地方来的。"邵雍不置可否地笑了笑。

邵雍临终前，张载前来探病。他想为邵雍卜一卦以定吉凶，说白了，就是算命。邵雍拒绝了："世俗所谓之命，某所不知，若天命则知之矣。"张载一听"天命"二字，立刻作罢。可见，邵雍并不信世俗之命，也不搞卜筮稽疑那套下九流的东西。他的象数学虽然看上去像占卜之书，其实重在义理，关心的是宇宙之理、社会之理、人事之理。也正因如此，他被奉为"北宋五子"之一。

北宋五子所创立的学派被视作理学的主流，有主流自然就有非主流。与五子同时，还有司马光的涑学、王安石的新学、苏轼的蜀学等。

涑学

司马光(1019～1086年),字君实,陕州夏县(今属山西)涑水乡人,世称涑水先生。他少年老成,有名的"司马光砸缸"的故事充分说明了这一点。他生性不喜华丽奢靡,中进士后参加御宴帽子上要戴花,唯独他不肯戴。同列告诉他:"君赐不可违!"他才勉强戴上一枝。他为人直言敢谏,很受皇帝赏识。他觉得历代史书繁浩,皇上没法全部看完,于是"专取关国家兴衰,系生民休戚,善可为法,恶可为戒者",编成《资治通鉴》,神宗亲自给这本书命名并作序。王安石变法,司马光坚决反对,并指责王安石任用小人惑乱朝纲。由于政见不同,司马光退居洛阳,前后达15年之久。神宗死后,哲宗继位,司马光复相,将王安石新法全部废除。此后以王安石为代表的改革派和以司马光为代表的保守派因皇帝的喜好而轮流执政,每一派上台都欲置对方于死地,原本政见上的分歧变成了意气相争。司马光卒,封赠非常,赠太师、温国公,谥文正,赐碑曰"忠清粹德",皇上和太皇太后还亲自临丧。此后,随着政治风云的变幻,司马光的这些荣耀也几度起落。直到北宋灭亡,宋室南渡,他才被盖棺论定。度宗时,配享孔庙。

司马光像

朱熹赞司马光:"笃学力行,清修苦节。有德有言,有功有烈。深衣大带,张拱徐趋。遗像凛然,可肃薄夫。"

历史上,司马光不仅是政治家、历史学家,而且是思想家,只是后世

《独乐园图》

明代仇英绘。独乐园,既是司马光的寓所,也是《资治通鉴》书局所在地。这里环境幽美,格调简素,反映了园主的情趣和追求

对他的哲学思想研究不多。司马光自号迂叟,连神宗都觉得他迂阔不知变通。其实他只是坚持自己的原则而已,在思想上他是敢怀疑一切、独立思考的。面对地位不断上升的孟子,他著《疑孟》,对孟子的一些言论提出自己的看法。比如孟子劝齐伐燕之事,司马光就认为孟子既是贤人,怎能坐视不理且劝齐伐燕?诸侯相伐,是目无天子的行为,这不是教后世犯上作乱吗?正是本着这种怀疑的精神,司马光提出了自己对宇宙的看法。

他的哲学著作有《易说》、《潜虚》。他以"虚"为万物的本原,取名《潜虚》,有探索隐秘本原的意思。"万物皆祖于虚,生于气,气以成体,体以受性。"这和张载的"太虚即气"很相似。他抨击那些学习黄老道家的人,把无为理解成心如死灰、形如槁木。他特意作《无为赞》赋予"无为"新的内涵:"治心以正,保躬以静。进退有义,

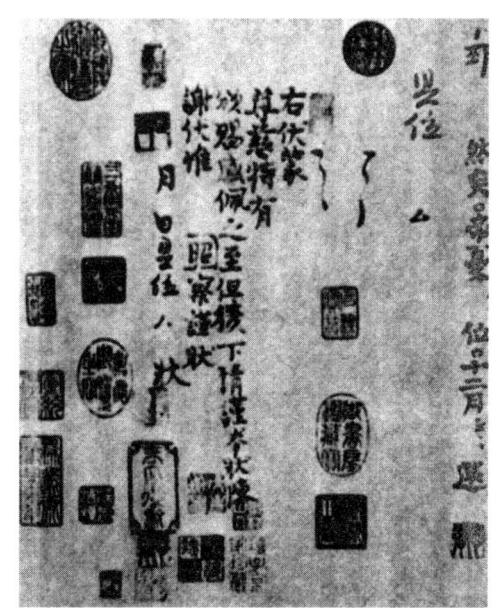

《资治通鉴》草稿
《资治通鉴》是司马光在官场上失意而退居洛阳的十几年里，发愤著成的历史巨著。在掌握大量原始素材的基础上，司马光亲自删繁取精，对素材加以剪裁和润色，所以《资治通鉴》虽是集体编写，但行文、体例一贯，如出自一人之手

得失有命。守道在己，成功在天。夫复何为？莫非自然。"既要顺应自然，不要过多欲求，同时还要尽人事的努力，将儒家的正心诚意和道家的清静修身结合起来。

他特别强调治心："学者所以求治心也，学虽多而心不治，安以学为？""君子从学贵于博，求道贵于要。道之要在治方寸之地而已。"学习如此，治国也是如此。"夫治乱安危存亡之本源，皆在人主之心"，因为他认为人主应当具备三德，即仁、明、武，而这三德就是出自内心。治心也就是修德，学习的目的不在知识而在治心，这虽是对先秦儒家思想的发展，但也多少受到了佛教的影响。

二　理学的产生："儒佛结婚的新学派"　｜　45

荆公新学

王安石（1021～1086年），字介甫，晚号半山，江西抚州临川人，唐宋八大家之一。他少好读书，21岁进士及第，历任淮南判官、鄞县知县、舒州通判、常州知州、提点江东刑狱等地方官。在任上，他显示出卓越的治理能力，为后来主持变法积累了经验。他看到了北宋冗官、冗兵、冗费的现实状况，立志变法，革除旧习，从而达到富国强兵的目的。神宗熙宁二年（1069年），他任参知政事，第二年任宰相，开始推行新法，遭到以司马光为首的保守派反对。虽有神宗的支持，变法依旧进行得很艰难。但变法在短期内取得了一定效果，如国库收入增加了，军队战斗力增强了，并在对西夏的战争中取得胜利。同时因为急功近利，操之过急，出现了与民争利的事情，引起地方骚动；也因为保守派的反对过于激烈，变法期间王安石两次罢相，最后一次（1076年）让他彻底闲居江宁府。1086年，哲宗继位，司马光任宰相，尽废新法，王安石在忧郁中去世。死后，赠太傅，追谥文，徽宗时配享孔庙。他的身后遭遇也和司马光一样，只不过两人每次都是一浮一沉。北宋灭亡，人们不约而同地归咎于王安石，认为是他的变法惑乱朝纲，祸国殃民。南宋高宗继位，夺去王安石各种封爵，并停掉配享。

王安石像
陆九渊曾经赞扬王安石："英特迈往，不屑于流俗；声色利达之习，介然无毫毛得以入于其心，洁白之操，寒于冰霜，公之质也；扫俗学之凡陋，振弊法之因循，道术必为孔孟，勋绩必为伊周，公之志也。"

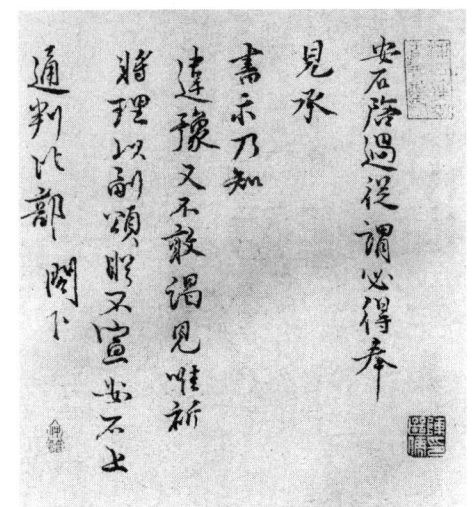

王安石《过从帖》

纸本行书,亦称《奉见帖》,是王安石的一则尺牍,共6行,41字。现藏台北"故宫博物院"。王安石的书法别具一格,自成一家

王安石不仅是政治家、改革家、文学家,还是思想家。他遍释群经,尤其将《诗》、《书》、《周官》的经义重新训释并颁布天下,这就是有名的《三经新义》,成为科举考试的教材。他的学说也因此被称为"新学"。他对《周官》尤其重视,因为那是一部记载西周制度的文献,正可以古为今用。

人性一直是大家讨论不尽的话题。王安石提出"性本情用"说。他认为,性情本是一回事。人有七情,喜怒哀乐爱恶欲,未表现出来时就是性,表现出来了就是情。性是情的根本,情是性的外在表现。所以不能说什么性善情恶,也不能说恶情害了善性,人有七情是很正常的,当喜则喜,当怒则怒,并不因此害性。如果以情为恶而将其废掉,那么性又怎么为大家所认识呢?所以性和情不可分割,就如弓与箭相互为用一样。性的善恶与否与情无关,完全取决于人如何修养。养其善则为善性，养其恶则为恶性，性是可善可恶的。可见王安石是同意性善恶混说的。

王安石性格耿直倔强，面对反对派对新法的责难，他提出"天变不足畏，祖宗不足法，人言不足恤"的"三不足"说，表明自己变法的决心。他为变法事业可谓鞠躬尽瘁，对生活则毫不上心。他做地方官时，经常通宵读书，早晨往往来不及洗脸就去上班，所以他面色黧黑，后人称他黑面宰相，这自然是双关语了。他常因为一宿不睡而显得面容憔悴，上司以为他去了勾栏酒肆，还教训他要以事业为重。他吃饭时漫不经心，往往也在思考问题。他有时吃得很简单，只吃鱼羹饭；有时吃饭只吃眼前的那一个菜，害得仆人以为他嫌饭菜不可口。有一次他看书时随手抓吃的，竟然抓到了鱼食，吃了还浑然不觉。因此当时的人是怀着复杂的心态评价王安石的，一方面对他的道德文章加以肯定，如政敌司马光在王安石去世后就说"介甫文章节义过人处甚多"；一方面对他的变法全盘否定，在否定的过程中又不可避免地批评王安石"学术不正"（如朱熹）。

蜀学

蜀学由苏洵、苏轼、苏辙父子创立，他们合称"三苏"，同列唐宋八大家。苏洵（1009～1066年），字明允，四川眉县（今四川眉山市）人。少不喜读书，19岁娶妻程氏，程氏知书达礼，能课子读书。苏洵27岁时开始发愤苦读，十余年下来终于学有所成，写文章下笔立就。嘉祐元年（1056

苏洵像
《三字经》有"苏老泉，二十七，始发愤，读书籍"，说的就是苏洵

年），他携二子苏轼、苏辙进京拜访欧阳修。欧阳修看了他的文章后大为赞赏，认为即使汉代的贾谊、刘向也不过如此。一时士大夫争相传诵，名动京师。第二年，苏轼、苏辙兄弟同榜进士及第，轰动京城。嘉祐三年（1058年），仁宗召苏洵参加考试，他却称病不去。直到嘉祐五年（1060年），才有朝臣推荐他任秘书省校书郎，后任地方主簿，又授命与人同修《太常因革礼》100卷，书修成后不久，苏洵病逝。追赠光禄寺丞。传世有《嘉祐集》15卷。

苏轼（1037～1101年），字子瞻，一字和仲，号东坡居士，苏洵长子。他堪称中国古代的大文豪，诗、词、赋、散文、书法、绘画俱佳，艺术成就极高。论诗，与黄庭坚并称"苏黄"，又与陆游并称

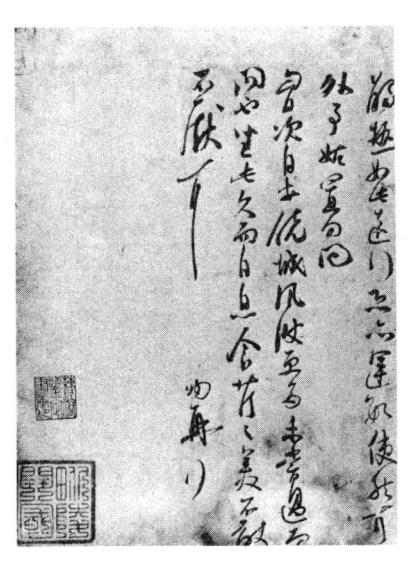

苏洵《陈元实夜来帖》（局部）
约庆历七年(1047年)作，台北"故宫博物院"藏

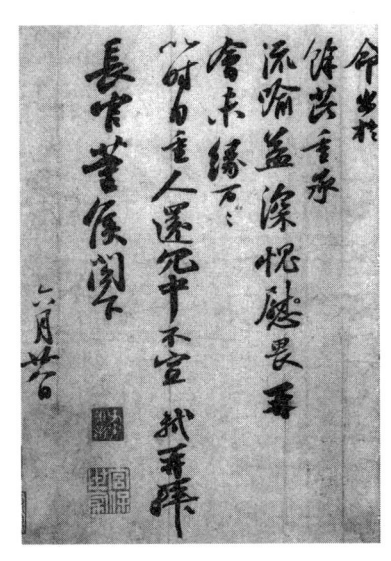

《获见帖》（局部）
宋代苏轼行书法帖，台北"故宫博物院"藏

二 理学的产生："儒佛结婚的新学派" | 49

《题竹图》

明代杜堇绘。苏轼不但喜欢赏竹,还爱画竹、咏竹,并常常将咏竹之诗题于竹上。尝说:"宁可食无肉,不可居无竹。无肉令人瘦,无竹令人俗。"

"苏陆";论词,他开创了豪放派词风;论散文,与欧阳修并称"欧苏";论书法,是苏、黄、米、蔡四大家之一;论画,开创了湖州画派。他的成名作就是20岁时的应试文章《刑赏忠厚之至论》,据说这篇文章很受考官梅尧臣赏识,便推荐给欧阳修,欧阳修看后打算擢为第一,但又怕是自己的门生曾巩所作,遂置为第二。启卷后才发现是苏轼所写,而擢为第一的却是曾巩的文章。礼部复试时,苏轼再以《春秋对义》取为第一。中进士后,累官至端明殿学士兼翰林院侍读学士、礼部尚书。苏轼既反对王安石变法过于急切,又反对司马光尽废新法,所以一生仕途颇为坎坷。他屡次外任,所到之处均兴利除弊,造福百姓,治绩斐然,口碑甚佳,杭州西湖的苏堤就是明证。卒谥文忠。

苏辙（1039～1112年），字子由，一字同叔，晚年自号颍滨遗老，是苏洵的幼子。在"三苏"中他被称作小苏。与兄长一样，他一生仕途曲折，宦海沉浮。晚年以读书学禅度日，卒，追谥文定。著作丰富，有《栾城集》、《龙川略志》等传世。

"三苏"因是四川人，所以其学说被称为蜀学。其特征被后世概括为"纵横之学而杂于禅"。纵横之学指战国时期苏秦、张仪等纵横家的学说，主要是军事、时政之论。事实上的确如此。苏

苏辙像
苏辙生平学问深受其父兄影响，以儒学为主，最倾慕孟子而又遍观百家。他和父亲苏洵主要以散文著称，苏轼则在各领域都著名。

洵喜欢讨论军事问题，他的文章总是以史论政，借古讽今。他的名篇《六国论》就认为六国之所以灭亡，主要原因就是贿赂秦国，意在讽刺北宋的屈辱议和政策。在《兵制》中他提出改革兵制、恢复武举、信用才将等主张。在《权书》和《项籍》中还讨论了战略战术问题。苏辙为文以策论见长，擅长政论和史论，意在以古鉴今。苏轼的文论则经常引经据典、纵横捭阖、恣意汪洋、气势非凡，且深中时弊。如他上书论条例司、青苗等法不便于民，就说："国家之所以存亡者，在道德之浅深，不在乎强与弱；历数之所以长短者，在风俗之厚薄，不在乎富与贫。"苏辙作《老子解》，融合儒释道思想，遭到朱熹的批判。苏轼作《易解》，亦遭到朱熹的非议，谓其杂于禅。因其论文的倾向和特点，加上门下乏人，在"三苏"相继去世后，蜀学很快湮没无闻了。

理学诸学派中，后来影响最大的自然是洛学，因二程门人弟子最多，尤以谢良佐、杨时、游酢、尹焞为首，发扬师说，并向南传播。

二　理学的产生："儒佛结婚的新学派" | 51

但是在二程在世之时,影响最大的却是王安石新学。他的《三经新义》作为科举考试教科书,是当时的官学。举子们非新学不道,非新学不学,一直到南宋绍兴六年(1136年)新学才遭禁。有一个有趣的故事:陈瓘(字莹中,福建人,谥忠肃)元丰乙丑(1085年,程颢去世)夏在礼部贡院任点检官时,与范祖禹(字淳夫,谥正献,编撰《唐鉴》)同室居住。闲聊时谈到颜回"不迁怒,不贰过",范祖禹说现在只有程伯淳能做到这一点。陈瓘问:"伯淳是谁?"范祖禹沉默半天,才尴尬地问:"伯淳是谁你都不知道吗?"陈瓘连表歉意:"我生长在东南,真的没听说。"当时陈瓘已经29岁了。从那以后,陈瓘常为自己的寡陋而惭愧。这说明二程洛学一开始就和其他学说一样,影响

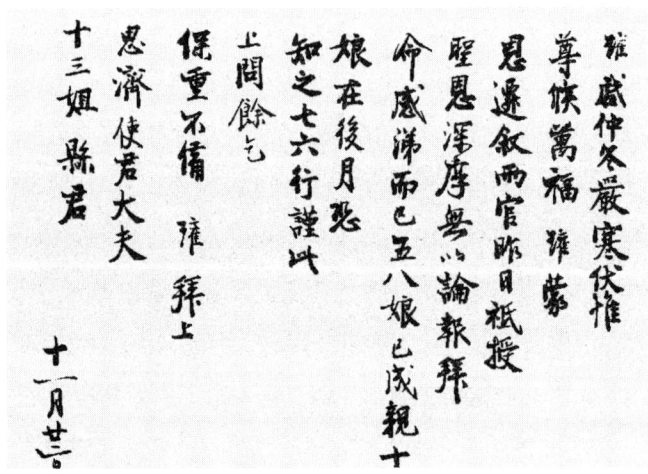

《仲冬严寒帖》

陈瓘《仲冬严寒帖》,尺牍,纸本,台北"故宫博物院"藏。陈瓘(1057~1124年),字莹中,号了斋,为人不畏权势,心胸坦荡,清正廉洁,书法造诣亦颇深。后人评价:"观其书,可以知气节之劲也。"

东坡小像

明代孙克宏绘。才华横溢的苏轼虽然在20岁时便高中榜眼,但他的仕途之路却充满艰险和苦涩,几起几落,最后不得不离开京城,隐居在南方的几个小地方。画中的苏轼身着布衣,头戴斗笠,脚踏木屐,手持竹节,显然是一个隐居的东坡居士了

仅限于本地及周边。一直到宋室南迁,洛学才随之向东南转移,影响才日益扩大。

在这些学派中,王安石新学是在他去世之后才遭到抨击的,主要是受他坚持变法的牵连。矛盾最大的是洛学和蜀学。洛学嫌蜀学太杂,蜀学嫌洛学古板,表现出来就是程颐和苏轼经常发生冲突。据记载,1086年司马光去世,大臣们正举行明堂祭拜大典,赶不及祭奠。仪式一结束,他们就要纷纷赶去吊丧。程颐却拦住大家,说孔子言"是日哭而不歌",参加明堂典礼后,不该再吊丧家。大家觉得不近人情,纷纷反驳说"哭而不歌"不代表"歌而不哭"。苏轼嘲笑程颐:"这是枉死市上叔孙通制订的礼。"众人大笑,二人由此结怨。还有一次国家忌日,大臣们到相国寺祷佛。程颐要求吃饭时吃素食,苏轼问他:"正叔,你又不信佛,为什么要吃素?"程颐答道:"礼法,守丧不

可喝酒吃肉；忌日，是丧事的延续。"苏轼大叫："为刘氏者左袒！"于是程颐的弟子们都吃素，而苏轼这边如黄庭坚、秦观等人都吃肉。

当然，程颐和苏轼都是有德君子，虽然因性格不同而看不起对方的做派，但在思想上并没有互相攻击。他们彼此特立独行，相安无事。尽管理学一开始就学派纷呈，百家争鸣，但也有很多共性：第一，理学家们大都出入于佛老多年而后返回六经，这种经历使他们的思想都不可避免有佛道的烙印，梁启超戏称理学是"儒佛结婚的新学派"；第二，他们都采取六经注我的方式，借注释六经以阐发自家的思想，返本开新；第三，都侧重从本体论高度构建理论体系，偏于心性思想。因为只有这样，才可以和佛老抗衡，收拾住淡泊的

山西大同恒山悬空寺
悬空寺又名玄空寺，始建于南北朝时的北魏王朝后期，是国内仅存的佛、道、儒三教合一的独特寺庙。这说明三教融合从那时就开始了

儒门。在他们的共同努力下，儒学终于焕发出了新的生机，理学——新儒学，作为一种新的理论形态登上历史舞台，而且一亮相就华丽丽的，让人应接不暇。

小知识◎程颐轶事

程颐为人严肃认真，一丝不苟。他的行为与他的学说一样，表里一致。

程颐任经筵侍讲时，经筵承受张茂则邀请各位讲官吃茶观画，程颐推辞说："我平生不吃茶，也不观画。"最终也没有去。大概觉得看画会令人心神不专一吧。

韩维（字持国，北宋名臣）与二程友善。一次邀请二人同游西湖，并命几个儿子陪同游玩。游玩中有人言貌不够庄敬，韩维还没说话呢，程颐回头，厉声呵斥："尔等跟随长者出行，竟敢如此嬉笑说话，韩氏孝谨的家风从此衰落了！"韩维赶紧把他们都赶走了。

程颐任哲宗的老师时，哲宗还是个孩子。一天讲课结束，程颐还没告退，哲宗就随手折了一根柳枝。程颐上前阻止道："方春发生，不可无故摧折。"如此严厉，难怪哲宗对他有意见。后来的元祐党禁波及程颐，哲宗毫无顾惜之意，与此有关。

◎饿死事小，失节事大

出自《二程遗书》卷二十二。"或问：'孀妇于理，似不可取，如何？'伊川先生曰：'然。凡取，以配身也。若取失节者以配身，是己失节也。'又问：'人或有居孀贫穷无托者，可再嫁否？'曰：'只是后世怕寒饿死，故有此说。然饿死事极小，失节事极大。'"

很明显，这里的"失节"不单单指妇女，还包括男子娶孀妇。从伦理道德的角度而言，男人娶寡妇为妻，是一种失节行为；寡居的女子改嫁，也是失节行为。一个人即使贫困致死，也不能失去品节。细加推究，程颐在此对改嫁女子的批评是有所保留的。因为她们一旦寡居，经济上往往会失去保障，如不改嫁就难以生存。而男子明知对方孀居却去迎娶，则是大大的失节。实际上，程颐并不反对寡妇再嫁，终整个宋朝，女子再嫁的情况屡见不鲜。程颐的外甥女丧夫之后，他怕姐姐过度悲伤，就把外甥女接到家中，然后再让她嫁给他人（见《近思录》卷六）。到了南宋，李清照改嫁张汝舟，唐婉再嫁赵士诚，在当时都未引起非议。当时的最高统治者也不歧视再嫁妇。据载，孝宗年间有一妇人，先嫁单氏，生了一个儿子；后改嫁耿氏，又生了一个儿子。后来，两个儿子都做了大官，此妇死后，两个儿子因争葬相持不下，最终由孝宗出面为二人葬母（《西湖余志》）。可见宋代社会风气的宽松。那么到底是从什么时候开始程颐的这句话被曲解，成为套在妇女头上的紧箍咒了呢？就是明清时期。程朱道学成为统治思想后,人们对它的理解日益庸俗化,这种让妇女守贞守节的说法不过是加强其专制统治的一个手段而已。

据《古今图书集成》记载,"烈女"、"节妇"唐代只有51人,宋代增至267人,明代竟达36000人,而到了清代,仅安徽省休宁这一个县,就有2200多人。当时全国人口不多,加以还有不少女子未被记载,这个数字是很惊人的。

◎邵雍喝酒

雍岁时耕稼仅给衣食,名其居曰"安乐窝",因自号"安乐先生"。旦则焚香燕坐,脯时酌酒三四瓯,微醺即止,常不及醉也。兴至辄哦诗自咏。

◎司马光轶事

司马光一生诚信,应该是受他父亲诚实教育的影响。司马光五六岁时,有一次,他要给胡桃去皮,他不会做,姐姐想帮他,也去不掉,姐姐就先行离开了。后来一位婢女用热汤替他顺利将胡桃去皮,等姐姐回来,便问:"谁帮你做的?"他欺骗姐姐说是自己做的。父亲便训斥他:"小子怎敢说谎!"司马光从此再不敢说谎。年长之后,他还把这件事写到纸上,策励自己,一直到死,没有再说过谎言。邵雍的儿子邵伯温还看过这张纸。清人陈宏谋说:"司马光一生以至诚为主,以不欺为本。"后人对司马光盖棺论定之语,也是一个"诚"字。

司马光为人低调,从不张扬。府中有一老仆,一直称呼他为"君实秀才"。一次,苏轼来到司马府,听到仆人的称呼,不禁好笑,戏谑说:"你家主人不是秀才,已经是宰相了,大家都称他'君实相公'!"老仆大吃一惊,以后见了司马光,都毕恭毕敬地尊称"君实相公",并高兴地说:"幸得大苏学士教导我……"司马光跌足长叹:"我家这个老仆,活活被子瞻教坏了。"

北宋士大夫生活富裕,有纳妾蓄妓的风尚。司马光是和王安石、岳飞一样极为罕见的不纳妾、不蓄妓之人。婚后30余年,妻子张夫人都没有生育,司马光并未放在心上,也没想过纳妾生子。张夫人却急得半死。一次,她背着司马光买了一个美女,悄悄安置在卧室,然后自己借故出去了。司马光见了,不加理睬,到书房看书去了。美女也跟着到了书房,一番搔首弄姿后,又取出一本书,随手翻了翻,娇滴滴地问:"请问先生,中丞是什么书呀?"司马光离她一丈,板起面孔,拱手答道:"中丞是尚书,是官职,不是书!"美女很是无趣,大失所望地走了。张夫人终生未育,司马光就收养了族人之子司马康,作为养子。

三 理学的繁荣与发展：百舸争流，命运不一

理学虽然主要表现为学术，但与政治天生具有千丝万缕的联系。随着政治局势的不停变幻，理学各派也遭遇了不同的命运。张载的关学在他去世后，弟子们纷纷转向洛学，从此一蹶不振。周敦颐濂学和邵雍象数学因从游弟子少而后学乏人，也渐渐式微。洛学的发展也并非一帆风顺。程氏兄弟因与司马光旧党来往密切，所以遭新党忌恨。哲宗亲政，新党把持朝政，开始打击旧党大臣。

程颐被追毁出身以来的文字，放归田里，随后又被送涪州（今重庆涪陵）编管。徽宗继位，一度复职致仕。旋即在蔡京、王黼专政后又遭打击，连其学说都不许传播。徽宗大观元年（1107年），程颐伊川去世，前来送葬的仅有4人。

1127年金兵南下，占领北宋都城汴梁（今河南开封），北宋灭亡。同年康王赵构登基，南宋开始。虽然南宋朝廷初期风雨飘摇，被金兵追得连落脚的地方都没有，但在广大将士和百姓的顽强抵抗下，金兵的进攻态势终于得到遏制，南宋最后定都临安（今浙江杭州）。政治局势的巨大变动对学术造成极大的影响。以杨时为首，认为王安石擅自变法，惑乱朝纲，是造成宋室南迁的罪魁祸首，要求罢免王安石配享，追夺王爵，定其学说为邪说。王安石新学从此逐渐丧失官学地位。相反，洛学在二程弟子的努力下，迅速在南方传播。不久秦桧专权，又禁洛学，学术界一片万马齐喑的局面。绍兴二十五年（1155年）秦桧病死，紧张的政治氛围一下子宽松下来。经过30多年的暗流涌动，至孝宗乾淳年间，理学终于迎来历史上又一个繁荣的时期。

1. 三足鼎立：理学的夏天

孝宗乾淳年间，涌现出三位学坛领袖，被誉为"东南三贤"，即吕祖谦、张栻和朱熹。此外，江西的陆九渊与他们学术往返，其心学亦领时代之新潮。他们各领一派，吕祖谦的浙东学、张栻的湖湘学、朱熹的闽学、陆九渊的江西心学，各有特色。然而任何学术思想的形成都不是偶然或特立独出的，没有前人的开创就难有后来的成熟。以上学派中，闽学源于洛学，心学和湖湘学则是南宋初期形成的。

湖湘性学：胡宏—张栻

湖湘学的创始人是胡宏。胡宏（1105～1162年），字仁仲，福建崇安人。南宋建炎年间随父兄避地湖湘，后又长期寓居衡山五峰之下，故人称五峰先生。他的父亲胡安国乃两宋名臣、著名学者，研习《春秋》，所著《春秋传》为南宋治《春秋》者之宗，明初被定为科举考试的教材。胡宏幼年受教，少年便胸怀大志，15岁自撰《论语说》，后跟随父亲研习洛学，编写了《程氏雅言》并为之作序。28岁那年他

胡安国像
胡安国（1074～1138年），字康侯，号青山，学者称武夷先生，后世称胡文定公。选自清代《圣庙祀典图考》

去了京师并拜杨时为师。胡宏一生不仕，他曾荫补右承务郎，因秦桧当政，他不愿与之为伍，便隐居衡山，后来主动求任岳麓书院山长，以继承父业。他隐居衡山长达20多年，秦桧死后，朝臣们纷纷举荐胡宏，召命至时，胡宏已病重不起，终未赴朝。其著述被收进《胡宏集》。

不同于洛学以天理、关学以气作为最高的本体，胡宏以"性"为天下之大本。性是形而上的本体，性就是天命，是"万化之原，至理之所在"。性含具万理，天地由性而立。所以性既不是善，也不是恶，善和恶都不足以规定、说明性。那么孟子说的人性本善是什么意思呢？胡宏认为，孟子性本善中的"善"不是与恶相对应的，而只是叹美之词，"性善"就是赞美性本体的宏大、深奥。性本体是超善恶的。

性指天性，心则是天性的发用和现实的证明。心表现为天理和人欲，理和欲共存于同一人体及其活动之中。何为天理，何为人欲，取决于人们进行评价时的出发点和动机。因为理欲并存，所以欲是不可禁绝的，只能引导，使人的正常欲望不至于走向贪欲。

胡宏以性为本，开创了湖湘不同于其他学派的新学统。这一学说特点由其弟子张栻揭示并继承下来。张栻（1133～1180年），字敬夫、钦夫，一字乐斋，号南轩，广汉人，后迁于衡阳。其父是南宋中兴名臣张浚。1161年张栻拜胡宏为师。这其中还有一个插曲。张栻闻胡宏名已久，又时时写书信向胡宏质疑求问，但等了很久也得不到胡宏的接见。张栻不解其故，便向胡宏的另一学生打听缘由。那人后来转告张栻说，胡宏对他家"好佛"有看法："他们家好佛，我见他说什么！"张栻恍然大悟。于是再次涕泣恳见，胡宏才答应。二人一见，大为相契，胡宏倾囊相授。在胡宏的教导下，张栻走上了理学的正道。胡宏以晚年得张栻而欣慰："圣门有人，幸甚，幸甚！"胡宏去世后，张栻为其著作《知言》作序并刊行，该书立刻受到各家学者普遍关注，影响很大。张栻还和朱熹、吕祖谦就《知言》的论点进行了讨论。讨论中张栻捍卫了师说，坚持了性本论的观点。

张栻拜师的同年，随父亲在长沙城南妙高峰下主持修建了城南书院，并与其父在书院中讲学授徒。5年后，张栻受邀主教岳麓书院。他往返于两大书院之间传道授业，从学者甚众，湖湘学派由此兴盛起来。乾道三年（1167年），远在福建崇安的朱熹听说张栻得胡宏亲传并在长沙讲学，便由弟子陪同亲到长沙访问。张栻与朱熹就理学的"太极"、"中和"、未发已发、察识存养等问题进行了热烈讨论，三天三夜未曾休息。接着两人在岳麓、城南两书院展开会讲，长达两个多月。四方学者听说后云集影从，多至千人，带过来的马匹把池水都喝干了，可谓盛况空前。这次会讲是理学史上第一次大规模的学术讨论会，对南宋理学的发展有重要的推动作用。受此影响，东南各省乃至偏远的四川等地都有学生前来求学，湖湘地区遂成为当时南宋的学术中心之一，湖湘性学进入鼎盛时期。

张栻去世后，湖湘很多学生转入其他学派学习，湖湘学派开始衰落，但一直不绝如缕。南宋末年，元兵来犯长沙，岳麓书院的书生们乘城共守，挥戈上阵与元军殊死搏斗，

张栻像
张栻只活了48岁，卒谥宣，葬于湖南宁乡沩山，朱熹志其墓。理宗淳祐元年（1241年）从祀孔庙

三 理学的繁荣与发展：百舸争流，命运不一 | 63

最终战死沙场，湖湘学脉后继乏人，从此断绝。

横浦心学：张九成—陆九渊—杨简

与胡宏同时的另一渡江大儒是张九成。他开创了心学一系，为陆九渊继承并发展。张九成（1092～1159年），字子韶，浙江钱塘人，号无垢居士、横浦居士。他少有大志，卓然不群。读书刻苦，为同辈人敬服。徽宗宣和年间游太学，与胡宏一起拜见杨时，乃杨时弟子。绍兴二年（1132年），他状元及第，他的《状元策》洋洋万言，慷慨激昂，在当时影响甚大。当时金国占领北方后建立了伪齐政权，立刘豫为皇上。张九成在《状元策》中将刘豫比作狐狸、鸱枭，传到北方后，刘豫竟欲派刺客刺杀张九成。张九成毫不畏惧，为高宗器重。先后任镇东军金判、中正少卿等职，官至礼部侍郎兼经筵侍讲。绍兴八年（1138年），南北议和。张九成为人耿直，不附秦桧，遭到嫉恨。绍兴十一年（1141年），被贬谪到江西南安，前后长达14年之久。这期间他终日闭门苦读，著书立说。绍兴二十五年（1155年）秦桧死，他被任命为温州太守。上任伊始，他就革除了很多弊政，还与永嘉士子一起推动永嘉学术的发展。在任三年，他受到百姓的爱戴，却遭到朝臣的忌恨，最后他以眼疾为由回归故里，不久去世。追谥文忠，封崇国公。有《孟子传》、《心传》、《日新》、《中庸解》等著作传世。

张九成尊崇孟子，作《孟子传》，借《孟子》发挥他对时局的看法。他又参禅学禅，与当时临济宗的高僧宗杲结为方外之交，深得禅宗心法三昧。他将孟子与禅宗的心性学说有机结合起来，创立了他独有的心学。

张九成虽是杨时的弟子，但他并没有循规蹈矩地沿着洛学的路数往前走,而是发挥了洛学中重心性的一面,突出"心"的主体地位,把它上升到本体,形成了一个心—气—物—心的思想体系,从而开创了心学。具体来说,他提出,天即是心,心即是天。心不再仅仅是主体,它还是宇宙的本体。心之体用无穷无尽。具体表现在,从空间上说,天地阴阳之氤氲造化、调和运动皆在我心的范围内进行;从时间上看,前圣后圣,其心一也。说明我心不仅可以包容整个宇宙,而且心本身就是宇宙。"四方上下曰宇,往古来今曰宙",宇宙指时间和空间,所以"心即天"之"天"就是指宇宙本身。"心"不再指个体之心,而是指超越于个体之上的宇宙实体,每一个体心都是这宇宙实体的具体表现。既然宇宙即是吾心,吾心即是宇宙,那么宇宙之理、万物之理都在我心的包容之下,所谓"人有是心,心有是天"也。

虽然我心即是宇宙,天地万物变化之根源皆不出我心的范围,但心却不能代替宇宙万物之客观存在。那么心与物是什么关系?宇宙间万事万物又是如何化生出来的?张九成借用传统"气"的概念,认为万物是气作用的结果,而气又是通过我心之"念"发挥作用的。一切客观现象(包括自然和社会现象)不过是我之主观精神外化的结果,我心与万物是"一气相为感通"的同一的关系。

既然心具足了一切,那么学问之道就不是格物穷理,而应放在本心上,即正心、求放心、涵养本心。作为形而上的道德本心如果不落实到实践中,就会流入佛老之空寂。于是他强调进行道德践履,在日常的洒扫应对中修行。

张九成学说的另一特色是经史融合。他将历史糅入到解经中,以经统史,以史证经,并教大家如何看书:首先,看史要身临其境,如在当下,把自己看作历史的当事人之一,避免离开客观的历史环境而仅凭想当然。其次,研究历史不光是了解古人的言行,还要体会古人之"用心",考察其言行背后的东西。历史发展有它的必然趋势,但人可以发挥主体的能动性,将天命掌握在自己手中,运用学识智慧寻找、利用历史规律获得成功。他的历史观被浙东的吕祖谦所继承和发挥。

张九成做地方官时,曾在墙壁上大书"此身苟一日之闲,百姓罹无涯之苦"。正是抱有这样的宗旨,所以他每到一处便解民于倒悬,他的名声和学问受到人们的尊重。他在江西南安谪居14年,终日闭门读书、著书。谪居生活还没结束,他的讲课记录《日新》就被刊刻出来并广为流传了。尤其在浙东一带,到了乾淳时期,达到了"家置其书,人习其法"的地步。"江西二陆"、"甬上四先生"就生长在这样的

径山万寿禅寺
径山万寿禅寺位于浙江杭州径山,初建于唐,南宋高宗建炎年间宗杲在此说法,从者甚众,时号"临济中兴"。张九成就是在这里与宗杲相识并形成方外之交的。宋孝宗亲书"径山万寿禅寺"额,径山也因此被列为江南五山十刹之首

学术环境中。

张九成率先以心为本体构建了心学体系,他的"心即天"与心学的标志"心即理"具有同等意义,但他一直没有捅破这层窗户纸,总让人觉得好像隔着什么。捅破窗户纸的是陆九渊。陆九渊(1139~1193年),字子静,自号存斋,江西抚州人。他少年老成,三四岁时就问父亲"天地何所穷际",父亲见他年幼,便笑笑没有回答。谁知他竟为此废寝忘食,沉思不已。13岁时听了古人对"宇宙"的解释"四方上下曰宇,往古来今曰宙"之后,立刻大悟:"原来宇宙是无穷的!人和天地万物原来都生活在无穷之中。"于是写下了"宇宙内事乃己分内事,己分内事乃宇宙内事",进而得出"宇宙即是吾心,吾心即是宇宙"的结论。这一结论成为他全部理论体系的出发点。乾道八年(1172年),他进士及第,主考官就是吕祖谦。陆九渊对吕祖谦的学问很佩服,二人可谓亦师亦友的关系。在京师,他与众人谈学论道,数日不休息,也不感到疲倦。他做过几任地方官,主要的精力还是在学术上。因长期在象山讲学,故人称象山先生。卒谥文安。有《陆九渊集》传世。其兄陆九龄,号梭山先生,学问也很有名,与之并称"江西二陆"。

既然"宇宙即是吾心,吾心即是宇宙",那么宇宙之理(天理)就不是在我心之外独立的存在了,而就是我心,所谓心即是理,理即是心,二者是一不是二。格物穷理其实就是格心。这里的心是指具足一切的道德本心,要做一个有道德的人,只要发明本心就行了。就如孟子所说,人心本善,但欲望蒙蔽了一切。打个比方,人心好比一面镜子,光可照人,但是不幸蒙上了一层污垢。要想发挥镜子的作用,只要不停擦拭去掉污垢即可。发明本心也是这样。只要时时涵养省察,摒除各种贪欲,道德本心自然会呈现,陆九渊称这是"剥落"的功夫。

因为人人都有这纯善的道德本心,所以人人皆可成为圣人,关键就看他能不能认识到自己的本心,即良心发现,并应用到行动中。

因为我心就是天理,天理就在我心,所以陆九渊反对像二程那样格物穷理,更反对读书时寻章摘句,他主张读书前要先认真思考:人生天地之间,该做一个怎样的人。想好了再去读书,就会读出与别人不一样的东西。读书时要抓住文章"血脉",即大旨、纲要,不要被章句训诂这些细枝末节绊住。在给学生讲课时,他也反对一个概念一个概念地细究,而是要求学生从宏观把握。这就是他的"易简工夫"。他反对著述,他本人也述而不作,留下来的只有学生的听课记录。正因为他强调先学做人再读书明理,所以后人将其学说概括为先"尊德性"而后"道问学"。他直接以"心即理,理即心,至当归一,精一无二"立论,直截明快,在当时影响很大,与朱熹学说相抗衡,所以被学术界认为是心学的创始人。

陆九渊中进士后返回家乡,途经富阳,遇到了主簿杨简。二人本就熟识,因为杨简的父亲杨庭显学识渊博,在当时很有声望。陆九渊只比杨简大两岁,却与杨庭显成为忘年交。杨简(1141～1226年),字敬仲,慈溪人,人称慈湖先生。卒谥文元。有《易传》、《诗传》、《慈湖遗书》、《先圣大训》等传世。陆九渊在富阳住了半个月,临行的前一天晚上两人交谈至半夜,其间陆九渊多次谈到"本心"二字,杨简便问:"到底什么是本心?"陆九渊在白天正好旁听到杨简断了一个扇子纠纷案,便借此回答:"那起扇子纠纷案中的两个当事人,必有一是一非,你能断得是非分明,这就是本心啊。"杨简有如醍醐灌顶,忙接着问:"就只是这个吗?"陆九渊厉声反问:"难道还有别的吗?"杨简经一夜思考,第二天见到陆九渊俯身便拜,正式以师礼对待,成为陆九渊的入室弟子。

贵溪象山书院
江西贵溪应天山"陵高而谷邃,林茂而泉清",陆九渊登而乐之,乃建精舍居焉,称作"象山精舍",也就是象山书院。讲授5年,求学者有数千人

不过杨简对心的解释已经非常不同于张、陆的道德本心。在他那里,"心"更加空灵、神秘。"心之精神是谓圣"是他思想的核心。他认为,人心自善,人心自灵,人心自明,人心即神,人心即道,因为我心具足一切伦理道德、礼仪规范,所以不需要任何格致诚正的功夫,只需体悟这本有之心即可。他特意写了《己易》一文,"己易",意思就是一切变化无不是"我"(自己)作用的结果。他与张、陆最大的区别在于张、陆强调本心虽然充塞天理,本色清明,但因为外界昏昏,物欲干扰,难免蒙蔽本心,所以要在日用中下功夫,涵养未发,剥落物欲;切己自反,改过迁善。杨简虽然也承认"百姓日用之即道",但他认为本心既然本来清明,自善自正,有何过可改、可迁?只要使心"不起意",就足够了。所以《大学》讲格致诚正的功夫太过"支离",

更不需要像二程那样的"主敬"功夫,只需静观体悟本心即可。也难怪陈淳批评他"不读书,不穷理,专做打坐功夫"。杨简并不反对读书,但他对"本心"的诠释以及其修养功夫,的确容易使初学者倒向禅学。

与杨简同时的还有袁燮、舒璘、沈焕,此4人并称"甬上四先生"。他们在太学学习时,学录就是陆九渊的哥哥陆九龄。他们朝夕相处,相互切磋。袁燮和杨简一样,也直接面受过陆九渊的教导、启发。心学在江西和浙东两地同时得到传播。

二程道学:二程—杨时—罗从彦—李侗—朱熹

杨时像

杨时传洛学,三传而得朱熹,开闽学之先河,清康熙帝曾赐御书"程氏正宗"褒扬他

在所有这些学派中,属二程道学的传承关系最清晰,且没什么异议。二程弟子遍天下,谢良佐、杨时、尹焞、游酢为首席四大弟子。其中杨时最为长寿,为洛学在东南地带的传播做出了巨大贡献。杨时(1053～1135年),字中立,福建南剑人。熙宁九年(1076年)中进士后师事程颢,深为程颢喜爱,认为他对自己的学说领悟得最深。杨时南归,明道目送他说:"吾道南矣!"所以后来杨时这一支被称为"道南学派"。程颢去世后,杨时又去洛阳拜见程颐,此时他已40岁了,师事伊川甚为恭敬,著名的"程门立雪"就发生在这一时期。累官至工部侍郎、龙图阁直学士。卒谥文靖,人称龟山先生。

东林书院道南祠
杨时载道南来,在江苏无锡东林书院讲学达18年之久,被东南学者奉为"程氏正宗"。为纪念杨时,东林党人在书院内建造了"道南祠"。天启年间书院被毁,道南祠却幸免于难

在程门诸弟子中,杨时属墨守成规型,他对师说多无所发明。不过他特别强调《大学》的正心诚意,认为《论语》、《孟子》、《大学》的核心思想都是正心,致知的关键不在能格多少物,而在能否"反身而诚",回归自身。相比二程,他更注重向内的自省而不是外在的格物功夫。

杨时因为长寿,所以门人众多。罗从彦,字仲素,南剑人,人称豫章先生。史书说他严毅清苦,独得杨门之传。有门人李侗,字愿中,南剑人,对罗仲素所传可谓冥心独契。他刻苦自励,隐居世外40余年,生活清苦而怡然自乐。《中庸》有句话:"喜怒哀乐之未发谓之中,发而皆中节谓之和。""中"、"和"到底是怎样的一种状态,需要

三 理学的繁荣与发展:百舸争流,命运不一

罗从彦像

朱熹曾评价他："龟山先生倡道东南，士之游其门者甚众。然语其潜思力行，任重诣极如罗公，盖一人而已。"选自清《圣庙祀典图考》

朱熹像

朱熹一生可谓著作等身，《四书集注》只是其中的一种。《宋元学案》赞扬朱熹学术："致广大，尽精微，综罗百代矣！"

用心体验。李侗就整日默坐，以体验喜怒哀乐未发以前的气象。这是一种神秘的心理体验。久而久之，还真被他体验着了。自此以后，他事亲从兄，有很多地方别人都很难做到。

罗从彦还有个学生，即朱松，朱熹的父亲，与李侗友善。朱松早年以写诗闻名，进而喜欢治术，直到见到罗从彦，才开始研习洛学。他临终前，命儿子朱熹从学李侗以及同学胡宪、刘勉之和刘子翚。朱熹可谓二程四传弟子。

朱熹（1130～1200年），字元晦、仲晦，号晦庵、晦翁、考亭先生、云谷老人、沧州病叟、逆翁，徽州婺源人。自幼颖悟异常，受教于父，聪明过人。4岁时其父指天说："这是天。"朱熹则问："天上有何物？"其父大惊。他勤于思考，学习长进，8岁便能读懂《孝经》，并在书上题字自勉曰："不若是，非人也。"18岁进士及第，任泉州同安主簿，开始步入仕途。此后历任知南康军，提举浙东常平茶盐，知漳州、潭州，凡五任九考，宁宗时经筵侍讲，在朝40多天，就被排挤出朝。其余大部分时间都用来讲学、著书，所以成就非凡，成为一代宗师。

朱熹不仅继承发挥了洛学，而且综合

了其余各家如气学、心学、性学、象数学等思想，认真思考了理与心、理与性、理与气的关系，构建了一个逻辑缜密的天理论系统，可以说是之前理学思想的集大成者。

他认为，天理是客观存在的，抽象的天理要"挂搭"在气上，化生万物。理在先，气在后。一切事物都是由理和气构成的，气是构成事物的材料，理是事物的本质和规则。理和气的关系就好比明珠在水，珠水相融却不相混。天理和万物的关系，可以用"理一分殊"概括，或者用"月印万川"来形容。月亮只有一个，散在江湖，则每个江湖都有一个月亮。同理，天理只有一个，万物各有其理，万物之理是天理在不同事物上的具体表现。

天理是纯善的，气却有清浊之分。天理体现在人身上就是天命之性，因为人禀气的不同，禀得清气则为善，禀得浊气则为恶，这就是气质之性。天命之性和气质之性是人性的两个方面，天命之性是人性的本来状态，气质之性则是天命之性受气的熏染而发生的转化状态。天命之性如水，气质之性如盐水。人和人的天命之性是相同的，因人

"静中气象"
李侗屏居山田，谢绝世故，教授乡里，专心体验圣人绝学40余年。朱熹遵父志，先后6至延平、5访李侗。李侗病逝后归葬延平，谥文靖。朱熹前来参加会葬并撰行状。清康熙题"静中气象"4字赐李氏家祠

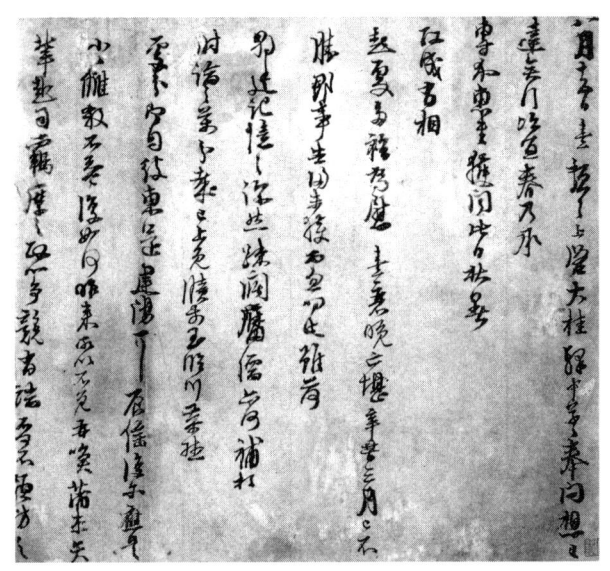

朱熹《大桂驿中帖》（局部）
此帖记朱熹乞放归田、拟归考亭、再唤猎人蒲来矢诸事。文中所提及诸事多为绍熙五年（1194年）之事，故推算此帖为绍熙五年作品，朱熹时年65岁

的气质不同，所以人和人的气质之性是不一样的。

就心和理而言，朱熹认为心学说心就是理，理就是心，这是不对的。天理外在于人心，存在于具体事物之中。按照理一分殊，心也有心之理，我心之理与万物之理统统都是一个理。所以可以说我心包含了万理，但心不等于理本身。要认识那外在之天理，还需要格物。一件一件地探究，循序渐进，还要举一反三，久之就会豁然贯通，实现"致知"，体认到天理。

体认到天理并不是最终的目的，目的是正心诚意。朱熹有一次奉诏入京，有人劝他："皇上不喜欢什么正心诚意，你见到皇上千万别说这些。"毕竟和经世致用的事功学相比，正心诚意显得太迂阔了。朱熹严肃地回答说："吾平生所学，惟此四字，岂可隐默以欺吾君乎！"可见这四字在朱熹心目中的地位。究其原因，朱熹认为造成一切社会问题的根本在于人心不正。皇帝作为一国之主，做到心正意诚尤为重要。所以要正君心，立纲纪。导致心不正意不诚的因素很多，贪欲是其中最主要的因素。因此要心存天理，灭掉私欲——这就需要主敬涵养的功夫。主敬，就是要心存敬畏，收敛身心，整齐严肃，然后落实到行动上。

唐代韩愈提出了一个儒学道统：尧—舜—禹—汤—文—武—周公—孔—孟，然后以自己为道统的继承人。二程、朱熹都继承了这种说法，只不过把韩愈排除在了道统之外。朱熹的道统情结尤为强烈。他用毕生的精力注"四书"，还与吕祖谦编订了《近思录》，正式确定"北宋五子"的理学开创地位。他认定自家的学问就是儒学的正统，其他学说如佛老都是异端害道。而凡是与他本人思想不符的，他也都不遗余力地批评。张九成援佛入儒，朱熹将其著作直接打入"禅者之书"的行列；陆九渊以发明本心为宗旨，朱熹斥之为禅学；永嘉学派以经世致用为学，朱熹称他们"大不成学问"。而其他学派尤其是陆九渊、陈亮为了维护自家的学说，与朱熹展开了思想交锋。

淳熙二年（1175年），在浙东领袖吕祖谦的邀请下，朱熹与江西二陆等人于江西铅山的鹅湖相会，进行学术交流。会上，陆九渊作了一首诗：

> 墟墓兴哀宗庙钦，斯人千古不磨心。
> 涓流积至沧溟水，拳石崇成泰华岑。
> 易简工夫终久大，支离事业竟浮沉。

欲知自下升高处，真伪先须辨只今。

他把自家的心学称为"易简工夫"，而讽刺朱熹的格物致知太过支离。朱熹非常不高兴。第二天，朱、陆拟就十多条议论，但二人各持己见，均不能说服对方。朱熹主张"泛观博览而后归之约"，强调"格物穷理"；陆九渊主张"先发明本心，而后使之博览"，强调"发明本心"。后人也以"道问学"和"尊德性"来概括他们的学术分歧。这次辩论并未能和会两家学术，倒是公开了双方的学术分歧。3年后，朱熹始和诗：

德义风流夙所钦，别离三载更关心。
偶扶藜杖出寒谷，又枉蓝舆度远岑。
旧学商量加邃密，新知培养转深沉。

考亭书院

位于福建省建阳市考亭村，为朱熹晚年居住、讲学之地。1192年朱熹筑室居此，因四方来求学的人众多，复置于居室之东，称为竹林精舍，后改名沧州精舍。1225年建阳县令刘克庄建祠纪念，1244年诏为书院，御书"考亭书院"匾额

却愁说到无言处，不信人间有古今。

经过这场辩论，朱、陆都意识到了自己学说的问题所在，并在讲学中加以注意。陆九渊强调发明本心的同时也主张读书明理，朱熹讲格物穷理的同时也强调要立根本。

朱熹一生以教学著书为职志，多次辞官，所以生活一直很清苦。有学生负笈前来求学，都要自带粮食。平时吃饭常无肉菜，仅吃粟饭（糙米饭）而已，他亲身实践着颜回那"一箪食，一瓢饮"而又不改其乐的精神境界。有一次，后来任监察御史的胡纮到武夷山去拜访朱熹，朱熹一视同仁，也以糙米饭招待他。胡纮非常不高兴地说："此非人情。只鸡樽酒，山中未为乏也。"他认为朱熹故意慢待他，于是怀恨在心，网罗罪名陷害朱熹，终于酿成了庆元党案。

浙东学派：经史融通的典范

浙东学派是指南宋时期活跃于浙东地区各学派的总称，包括婺学、永康学和永嘉学。

婺学：宋室南渡后，理学重心南移。浙江金华（古婺州）地区文化浸盛，人才辈出，有"小邹鲁"之称。婺学创始人是吕祖谦（1137～1181年），字伯恭，号东莱，婺州人，与朱熹、张栻时称"东南三贤"，谥成。金华的吕氏家族在宋代甚有名望。八世伯祖吕蒙正、七世祖吕夷简、六世祖

吕祖谦画像
吕祖谦的伯祖吕本中（1084～1145年），字居仁，也号"东莱"，所以吕祖谦被称为"小东莱"

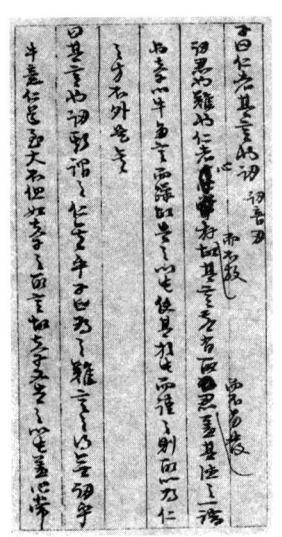

《论语集注》残稿
朱熹手稿,是关于"仁者其言也讱"和"司马牛问君子"两章的注解

吕公弼、六世叔祖吕公著、五世祖吕希哲都先后担任过宰相。家学渊源,博采众长,不专一师。吕祖谦的学问直接来自家传,进而广求名师,当时的大学者如张九成、汪应辰、刘勉之、胡宪、韩元吉等都是他的老师。其中,张九成对吕祖谦的影响最大,吕本人也说自己"从无垢学最久,见知爱最深",并在讲课中时时提到张九成的思想。他本人有很多心学、史学思想都来自张九成。

吕祖谦学说的最大特色是将经学和历史结合起来,以历史为主,从而形成了系统的历史哲学,开创了与朱熹道学和湖湘性学鼎足而立的金华学派。他虽只活了45岁,但著述丰厚。他专门研究了《左传》、《尚书》,写了《东莱博议》、《左氏传续说》、《东莱书说》等,又编写《大事记》,著《读史纲目》,门人集录有《史说》等。通过研究历史阐发他的心学思想,或者说,通过阐发历史以达到鉴古今、知兴替从而学以致用的目的。

他认为理和心相比,理有待,心无待。也就是说,理的存在是有条件的,理依托于具体事物。这说明理不是最高的本体,最高本体的存在应是无条件的。心的存在就是无条件的,心就是道,道就是心。天理就在我的心中。万物皆备于我,天地万物皆是我心所发。

书体现了古圣贤的精神心术,所以要会读书,要求古人之心。他主张读书要循序渐进,先领会其纲领,要领会书之纲领就不能汲汲于章句训诂,虽然章句是有助于提高理解的。他强调读书学问"须先识得大纲模样,使志趣常在这里",然后在此基础上扎扎实实地做功夫。

武夷精舍

武夷精舍,又称紫阳书院、武夷书院、朱文公祠,位于福建武夷山隐屏峰下平林渡九曲溪畔,建于宋淳熙十年(1183年),为朱熹著书立说、倡道讲学之所。《四书集注》即在此完成

鹅湖书院

位于江西铅山县鹅湖山麓,与吉安白鹭洲书院、庐山白鹿洞书院、南昌豫章书院并称"江西四大书院"。朱、吕、二陆去世后,信州刺史杨汝砺筑"四贤祠"纪念。1250年朝廷命名为"文宗书院"。明景泰四年(1453年)重建,称"鹅湖书院"

就历史而言,他主张读史当"揆之以理"、"体之以身",求古圣贤之心。除了就史事本身进行自我反省外,看史过程中也可以主动思考,预料成败,这样可以锻炼培养自己的判断力。

吕祖谦年少时性格偏狭,后来在病中读《论语》,读到"躬自厚而薄责于人"时忽然有所省悟,于是心胸开始平和,乃至之后再没暴怒过。正如他的名字一样,他为人谦和,与世无争,在调和朱熹和陆九渊的学术矛盾、促使双方意识到自己问题方面做出了巨大贡献。在仕途上,他还是陆九渊的房师。乾道八年(1172年)吕祖谦主试礼部,看到一份卷子,断定"必是江西陆子静之文",并嘱咐"此人断不可

寒泉精舍
寒泉精舍由朱熹创立于1169年。1175年吕祖谦来访,两人讲学之余,精心选录了周敦颐、张载、二程之书,编成了儒学巨著《近思录》

失"。启卷后果然如他所说。事后他对陆九渊说:"未尝欸承足下之教,一见高文,心开目明,知其为江西陆子静也。"其实他和陆九渊从未谋面,只是从朋友那儿听说过陆的名字,但一看见他的文章,就产生了思想上的共鸣,说明二者心学上的一致性。相比之下,朱熹为人有些苛刻,陆九渊有些浮躁,二人在学问上互不相让,吕祖谦则始终站在中立的立场劝他们冷静地认识自己的问题。正是他组织了鹅湖之会,并在之后给朱、陆的书信中反复劝诫他们不要走极端。在他的不懈规劝提醒下,陆九渊充分认识到自己的问题,在讲学中开始提倡读书的重要性;而朱熹也变得谦逊起来。吕祖谦去世后,朱、陆都悲痛万分,深感痛失良师诤友,作祭文悼念之。他的弟弟吕祖俭整理了他的著作,并不遗余力地传播。

永嘉事功学:永嘉是温州的首府,北宋时属偏远下城。南宋定都杭州后,永嘉近水楼台,其地理优势一下子凸显出来。北宋元丰年间先后有9位籍贯永嘉的学者到京城,或者直接拜在二程门下,或者私淑洛学。其中年纪最长、影响最大的是许景衡,他活到了宋室南渡后。他回到家乡,传播洛学,主要是心性之学。永嘉一度文风鼎盛。秦桧当国,禁洛学,永嘉文风衰落。绍兴末年张九成任温州太守,前后整3年。他一到任就寻访贤哲,与永嘉士子一起鼓励后学,推动了永嘉之学的复兴与繁荣。张九成的心性说是和其事功思想紧密结合在一起的,尤其是他"惟实是务"的思想极大影响了永嘉人。

永嘉之学与永嘉学派的区别,张义德先生有过精辟的论述:前者是泛指自北宋以来籍贯在永嘉地区的学者而言;后者则是特指从薛季宣、陈傅良等到叶适所构成的一个学派,这个学派就叫永嘉学派,也称永嘉事功之学。显然,永嘉之学包括了永嘉学派,前者所指较广,后者所指较狭。在南宋,与朱、陆鼎足而三者,就是后者。

永嘉学派的创始人是薛季宣（1134～1173年），字士龙，号艮斋，永嘉人，学者称常州先生。师事二程的门人袁溉，有《浪语集》传世。他的事功思想就是建立在道不离器、道即日用的基础上的。他认为道器不离，离器则道无所依托，舍器则无从晓道。离器言道，易流于空无；离道言器，又会汲汲于名利，必须将道器结合在一起。因此，他"自六经诸史、天官地理、兵农乐律、乡遂司马之法，以至于隐书、小说、名物、象数之细，靡不搜采研贯"。如此详细考证的目的不是为了功利，而是从研究制度的沿革入手达到经世致用，由"器"及"道"，由博返约，走实用之路，所以其学堪称实学。其后的陈傅良（1137～1203年，字君举，号止斋）也积极考订《周礼》，通过探究帝王经世宏模而考察治乱兴衰之故，从而使人回心向道。

叶适是永嘉学派的集大成者。叶适（1150～1223年），字正则，永嘉人，人称水心先生。官至兵部、工部侍郎，卒谥文定。相比以上浙

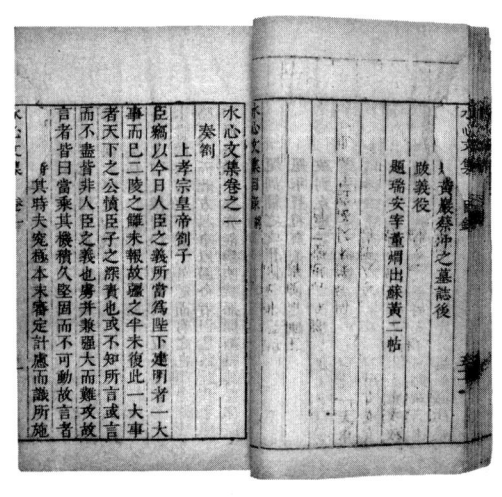

叶适《水心文集》书影
《水心文集》共29卷，由门人赵汝谠编次刊行，用编年法，集中所作札、状、奏议、记、序、诗、铭并杂著，成篇章者凡百余篇。其文"本之圣哲而参之史"，所论鸿博精当，可谓大成

东诸子，叶适属后学晚辈，因此能学于诸人。吕祖谦、薛季宣、陈傅良等都是他的老师，尤其从学陈傅良，前后达40年之久。他还从学永康的陈亮，并与之结下深厚情谊，陈亮死后，叶适为其文集作序，并作墓志铭和祭文悼之。叶适综合了以上诸人的思想，主张将义理和功利结合起来，反对只谈义理而忽视功利。他批判董仲舒的"仁人正谊不谋利，明道不计功"过于疏阔，仁义是致治的目标，但仁义的实现需要落实到具体的措施上。没有事功等手段推行，仁义就是无用的虚话。所以他在求贤、审官、训兵、理财等方面都有详细的对策。反过来，经世致用是需要人去完成的，而人的心术正否、人性之善恶直接决定了经世的取向和实际的效果。所以他时时刻刻提醒自己要持敬畏之心："常将方寸勤管摄，不与外物相亏侵。情防骄粗意防满，万事还须畏为本。"

永康学：相比之下，永康的陈亮学说就粗糙一些。陈亮（1143～1194年），字同甫，永康人，人称龙川先生。他为人豪迈不羁，喜谈军事。他一心想恢复中原，先后多次伏阙上书，力陈国事，孝宗很是赏识，但为小人阻拦，没有得到重用。后遭陷害，两次被抓进牢狱，差点送命，但是健康受到严重损害。出狱后他更加苦读。51岁那年他赴试礼部，中头名状元，刚被授职，就不幸去世了。追谥文毅。有《龙川集》传世。陈亮和永嘉诸子不同，他只谈事功，不谈仁义，

陈亮画像
浙江永康五峰书院挂像。陈亮才气超逸，下笔数千言立就，好言"霸王大略，兵机利害"，著《酌古论》，遍交一时豪杰

尤其嘲笑道学的天理人欲之说。他主张义利双行，王霸杂用，义利、王霸不是互相排斥的。这一观点为朱熹所不容，二人书来信往，就王霸、义利问题展开激辩，互不相让。

　　需要说明的是，事功学与程朱道学并不是对立的关系。鉴于南宋所面临的内忧外患，所有学派都有一个共同目的，即如何实现外王。只不过大家选择的道路不同：理学走的是传统《大学》之路，由正心诚意的内圣而实现修齐治平的外王——又分程朱道学和张、陆心学两条具体路径；婺学试图由历史领域开辟出外王之路，而事功学派则走的是研究制度沿革、经史结合，从而达到古为今用的道路。他们都看到了当时人心不古、天理不明的现实，所以"正人心，明天理"是他们都提倡的。虽然朱熹讽刺事功学派"掉进了利欲胶漆盆中"，讽刺心学是禅学，陆九渊、陈亮还和朱熹激烈辩论，但这并不影响他们之间的深厚友谊。

　　叶适之后，事功学派便逐渐衰微了。究其原因，与事功学派的学说特点有关。事功学的兴起本就与南宋内忧外患的现实密不可分，这个现实一旦消失，事功学就失去了它赖以生存的土壤。南宋自孝宗以后就一代不如一代，宁宗开禧时韩侂胄擅启兵端，出师北伐，叶适还赞其幕，结果大败，韩氏被诛，从此再无人敢言什么中兴了。且宁宗、理宗、度宗都是平庸之主，根本没什么魄力实行事功学派的那些古为今用的制度措施。待到元朝一统天下，事功学派赖以生存的土壤不复存在，学派本身后继乏人，自然湮没无闻了。

小知识◎胡武夷礼敬谢上蔡

　　谢良佐是程门四大弟子之一。为了在学问上做出一番成就,他专程到河南扶沟向时任扶沟知县的程颢求教学问。他初见程颢,程颢待以客人之礼,但谢良佐却说:"我是来拜师问学的,愿做先生的弟子。"程颢就把他安排到一个小屋居住。那间屋子非常简陋,房顶漏雨,四壁透风。时值寒冬腊月,北风怒吼,大雪纷飞,谢良佐晚上没有蜡烛照明,白天没有炭火取暖,饭也吃不饱,但他对此毫不在意。在冰天雪地的艰苦环境中,他苦思勤学一个多月,大有收获。

后来谢良佐任湖北应城县知县,胡安国任湖北提举。胡安国特地请杨时写了封推荐信,到了湖北后,派人先送信给谢良佐。不久他来到应城,谢良佐却没有出迎,属吏百姓都很惊讶,不明白为什么知县这样慢待上司。而胡安国直接以后进之礼拜谒谢良佐,尊师重教,成为理学一段佳话。

◎横浦脚印

张九成谪居南安,寓居当地宝界寺凡14年,因长期就光倚柱读书,久之地砖上两个脚印清晰可见。南安守见而叹息,遂在柱子上题曰:"平生好书,老来病目,执书就明于此者十四年矣。"张九成久居南安,对此段生活难以忘怀,因南安军所在郡名为横浦,遂自号"横浦居士"。淳熙年间胡藻将题柱完整地抠了下来,放在延松堂。人问其故,答曰"怕它日久坏掉"。知军李大正说:"笔迹比起印迹,哪个更重要?"数日后又去宝戒寺,那双脚印已经不见了。

◎存天理，灭人欲

这也是一个经常被曲解的命题，认为理学家连人的正常欲望都要灭掉。其实这里的"人欲"是和"天理"相对应的，主要指私欲。孟子曾说："鱼，我所欲也，熊掌，亦我所欲也，二者不可得兼，舍鱼而取熊掌者也。"鱼我所欲，是合道理的人欲，熊掌我所欲，也是合道理的人欲，舍鱼而取熊掌者还是合道理的人欲，这些都属于天理。"饮食者，天理也；要求美味，人欲也。"合理的饮食欲望是天理，过分的要求美味就是朱熹要灭的"人欲"。"天理"与"人欲"是相对的，正常的合理的"人欲"就是"天理"，过分的多余的甚至是罪恶的"人欲"就是朱熹要灭的"人欲"。人之所以为人就是因为有人性，人性就是仁爱之心，但人也是动物，所以人也有动物性，就是说人有时候也有兽性。这兽性就是邪恶之心，也就是朱熹要灭的"人欲"。

存理去欲本是理学重要的修养论，具有丰富的内涵。可惜到了明清时期，变成了一句简简单单的口号或标签。由此可见统治者的居心。

2. 一统江湖：理学的冬天

乾淳诸子中，朱熹的弟子最多，影响最大，他也因此遭到一些人的忌恨。

庆元党禁

绍熙末，宋宁宗由宰相赵汝愚和皇亲韩侂胄拥立为帝。赵汝愚因韩侂胄是外戚，在论功行赏时只给了韩侂胄一个有职无位的虚衔，韩侂胄怀恨在心。赵汝愚为相，收揽名士，朱熹被召，为经筵侍讲。侍讲期间，他屡劝宁宗居敬持志，正心诚意，"颇见严惮"。他言灾异，议祧庙，入史院，并屡次在宁宗面前揭露韩侂胄之奸。然而宁宗感怀于韩侂胄定策之功，并不放在心上，并对朱熹很反感。在韩侂胄的暗中运作下，庆元元年（1195年）三月，赵汝愚罢相，十一月，责永州安置。次年（1196年）正月，赵汝愚暴死于衡州（今湖南衡阳）。韩侂胄当政，欲将赵汝愚门人、朱熹及其弟子一网打尽，遂攻道学为伪学。六经、《论语》、《孟子》等悉成禁书，科举考试稍涉义理之学者，一律不予录取。

冬十二月，朱熹落职罢祠。右谏议大夫姚愈论道学，权臣结为死党，窥伺神器，乃至有人上书乞斩朱熹。庆元三年（1197年），将赵汝愚、朱熹一派及其同情者定为"逆党"，开列"伪学逆党"党籍，共59人，包括周必大等。名列党籍者或罢黜，或流放，凡与他们有关系的人，也都不许担任官职或参加科举考试。这就是历史上有名的"庆元党禁"。

庆元四年（1198年），朱熹乞致仕。次年，朱熹以朝奉大夫致仕。庆元六年（1200年）三月，朱熹卒于考亭。十一月，葬于建阳。有人上书说伪徒会送伪师之葬，乞严行约束。从之。嘉泰二年(1202年)，学禁稍解。开禧三年（1207年），韩侂胄因北伐失败而伏诛。史弥远独相，开始扶植理学。嘉定元年（1208年）二月，诏赵汝愚尽复原官，赐谥，标志着党禁正式结束。嘉定二年（1209年），朱熹赐谥文公。从此名列党籍者纷纷得以追赠、赐谥。庆元党案前后持续十多年，虽是一场政治斗争，但它对道学阳崇阴摧，大大影响了道学的传播与发展。

朱熹生活的最后5年是他一生中最艰难的时期。虽然他的学说和书籍遭到封杀，但他仍谈笑风生坚持讲学，他的学生也义无反顾坚决跟随。举一个例子。庆元三年（1197年）正月，朱熹被革职，其弟子蔡元定被贬官道州。蔡元定来不及向家人告别，与季子蔡沈自行到建阳城受缚。朱熹闻讯，率诸生来到瀛州桥头为蔡元定饯行。酒席上，有的弟子不住感叹，有的潸然泪下，唯有蔡元定神色不异平常。朱熹喟然叹道："友朋相与之情，季通不挫之志，可谓两得矣！"席间，师徒相互唱和，彼此激励。当晚，师徒二人不谈别离之事，围坐书案通宵校对《参同契》一书，直到东方鱼白。天亮后，蔡元定在蔡沈的陪侍下从容上路。正是有这样的老师和弟子的坚持和努力，朱学才一直传承不辍。

理宗继位后，他自称喜欢理学，于是为一批理学家追谥封赠，以示崇奉。宝庆三年（1227年），赠朱熹太师，追封信国公，改徽国公。理学的思想统治开始确立。理学地位得到承认，有两个人功不可没：真德秀和魏了翁。

真德秀（1178～1235年），字景元（后改为景希），建宁浦城（今属福建）人。早年从游朱熹弟子。庆元五年（1199年）进士。理宗时历知泉州、福州，官至参知政事，谥文忠。人称西山先生。真德秀对朱熹推崇备至，曾赞其"巍巍紫阳，百代宗师"。他慨然以斯文为己任，党禁开放后，他利用经筵侍讲的身份，讲明理学，说动理宗，深得理宗信任。他自己则祖述朱熹，坚持穷理持敬，正心修身。

真德秀像
选自清《圣庙祀典图考》

魏了翁（1178～1237年），字华父，邛州蒲江（今属四川）人。与真德秀同年进士，在四川任地方官凡17年。后与真德秀并召入朝，官至佥书枢密院事，资政殿大学士，卒谥文靖。人称鹤山先生。魏了翁一生致力于转移风气，矫正士习，他的救弊之方就是推尊理学。嘉定九年（1216年），他上疏请求为周敦颐、二程赐爵定谥。按规定，谥法历来限以品秩，而周敦颐、二程当时皆未大用于时。所以上疏后，有司迟迟拖延不讨论。魏了翁一再奏请，加上一些朝臣的支持，直到嘉定十三年朝廷才始谥周敦颐为元公，程颢为纯公，程颐为正公，正式褒扬了周、程开创理学的功绩。于是地方各郡纷纷为周、程等理学

魏了翁像

1226年，魏了翁贬谪靖州（今湖南怀化）时，创办了当地最早的书院——鹤山书院，其院址就在州治北最高的山坡上。他在此住院讲学长达5年，吸引了众多学子，培养了大批人才。选自清代《圣庙祀典图考》

家建立祠堂，激励学风。魏了翁则屡屡应各州郡之请，为新建的祠堂作记，极力张大理学的功绩。尊信心学，主张心是天地的根本、宇宙的主宰。修德做到心安于理就可以了。

真德秀和魏了翁同年登科，同显仕于朝，在尊理学方面，他们志同道合，可谓并称其功。故后人说他二人"西山鹤山，如鸟之双翼，车之两轮，不独举也"。

元朝皇庆二年（1313年），酝酿恢复科举，诏定以朱熹《四书集注》试士子，朱学定为科场程式。两年后正式开科取士，朱学正式成为官学。朱学独尊，意味着理学的黄金时代告一段落。因为对于学术而言，有争鸣才会发现问题，进而推动学术进步。朱学成为官学，一方面意味着朱学的地位和价值得到确立和认可；另一方面也意味着没有了竞争对手，朱学势必趋于僵化，停滞不前。乾淳时期那学术争鸣、辩难往返的场面一去不复返了。

朱学一统

金华有丽泽书院，为南宋著名学府之一，吕祖谦兄弟长期在此主持并讲学。朱熹也曾来此讲学，接引弟子，传播理学。所以金华地区有很多朱门弟子。杨简对本心的规定极易使人堕入虚无，所以他去世

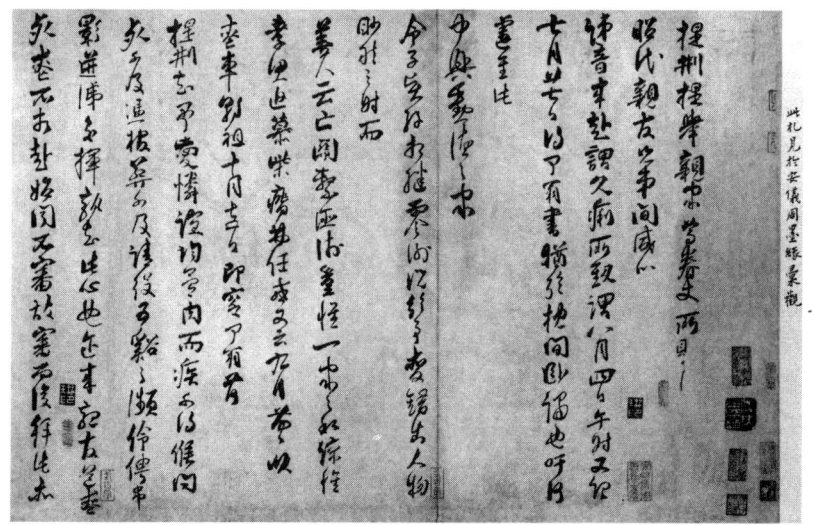

《提刑提举册页》（局部）
魏了翁草书，纸本，册页，内容为应酬、吊慰类，是为赵范、赵葵兄弟之父吊丧的书札

后，他的很多弟子专事打坐而抛弃读书穷理的一面，将陆学推向极端。物极必反，学术的发展必然要求矫正这一不正常的方向，而强调读书穷理，于是朱学兴起。实现这一转折的是黄震和史蒙卿。

黄震（1213～1280年），字东发，慈溪人，人称于越先生。宝祐四年（1256年）进士，下距宋廷灭亡只有20年，社会矛盾已经非常尖锐，危机四伏。黄震任地方官清正廉明，他看到很多弊端，但孤掌难鸣，还屡次得罪权臣贾似道。南宋灭亡后，他采取了与元朝当局不合作的态度，隐居于宝幢山，绝食而亡。著有《日抄》100卷，门人私谥文洁。黄震对宋代之学术源流进行了总结，认为"理学"发于周敦颐，盛于二程，集成于朱熹，乃"正学之终始"，而张九成、陆氏兄弟则别为源流。他尊崇程朱之学,颇不以心学为然。当然对朱熹他也并不完全认同,如二程弟子尹焞曾力辩二程语录为非,朱熹编辑二程语录时又批评尹焞说得不对,黄震就认为尹焞亲炙程门,他的说法应该没有错,朱熹的批评太过轻率。可见,黄震并不拘泥于朱熹的名望,他有着自己的思考。

史蒙卿乃史浩之后。史浩本从学于张九成,孝宗时任宰相。史家传心学,至史蒙卿始传朱学。史蒙卿,字景正,号果斋,鄞县人,自号静清处士。他以尚志、居敬、穷理、反身为学问进修之端,并以朱熹日用的自警诗作为自己的座右铭。

朱熹之后传其学最得力的莫过于黄榦。黄榦(1152~1221年),字直卿,闽县(今福建闽侯)人。受业于朱熹,并成为朱熹的女婿,

《采薇图》
宋代李唐画。商朝贵族伯夷、叔齐亡国后不与周朝合作,在首阳山采薇,最后饿死。表现了宁肯饿死也不投降和妥协的政治气节,为儒家称道

谥文肃。他以"居敬以立其本,穷理以致其知,克己以灭其私,存诚以致其实"作为圣贤道统传授之"要旨",确立了朱熹在道统中的地位。黄榦弟子众多,浙东有何基,江西有饶鲁。

何基(1188~1268年),字子恭,号北山先生,金华人。学于黄榦,黄榦教以治学"必有真实心地,刻苦工夫而后可"。何基终身实践不违。他隐居北山盘溪,四方学者争来求教,他教育门生"为学立志贵坚,规模贵大,冲践服行,死而后已"。咸淳元年(1265年)授史馆校勘兼崇政殿说书,屡辞,改授承务郎衔,主管西岳庙,亦不受。唯以读书讲学为平生志向,教授门生,不遗余力。他为学之宗旨,就是熟读"四书"。因为他认为《四书集注》义理自足,如果再添加自己的解释,就画蛇添足了。何基有传人王柏(1197~1274年,号鲁斋)、金履祥(1232~1303年,号仁山)、许谦(1270~1337年,号白云),与何基合称"北山四先生"。他们都是金华人,均恪守朱学,不越雷池。如许谦就认为"圣贤之心,具在'四书',而'四书'之义,备于朱子"。

"北山四先生"之后浙东学术走向辞章文学,金履祥弟子柳贯、吴莱均以文章著称于世。二人有学生宋濂,承前启后,开明代学术之端绪。

宋濂(1310~1381年),字景濂,号潜溪,亦号无相居士,金华浦江人。他辅佐朱元璋一统天下,被推为明代"开国文臣之首",

何基像

后人赞何基:经世之才,宏博之学。识见之高,制行之确。此一代之伟人,实万夫之先觉。选自清代《圣庙祀典图考》

三 理学的繁荣与发展:百舸争流,命运不一

宋濂画像
宋濂年幼时就喜欢读书。家贫，便借书来读。每次手抄之后都按时归还，从不违约。大家都愿意借书给他，由此他得以遍观群书。

道德文章影响深远。卒谥文宪。宋濂文采出众，柳贯曾对他寄予厚望，希望他能承担起振兴浙东学的重任。宋濂果然不负所望，他对自己家乡的学术再熟悉不过了。他盛赞何基对婺学在家乡的传播所做的贡献，他叹慕乾淳时期浙东学者之间的讲学论道，尤其推崇吕祖谦，认为陈亮的事功学、陈傅良的经制学均源自与吕东莱的切磋讲学。不过他所振兴的却是传统的浙东心学，使这一沉寂已久的学说得以重见天日。

北宋中期和南宋乾淳时期堪称百家争鸣，形成了诸多学术流派。如何突出浙东学的地位？宋濂对荆学、蜀学以及南宋各家之学都做了褒贬，从中可见其学术倾向。他评价说，王安石之学失之穿凿附会，"三苏"蜀学失之轻佻浮诞，永嘉之学失之忘大本而泥细微，金溪陆学重力行而轻格物，横浦之学失之阳儒阴释，金华之学则得濂洛之正学，与张栻、朱熹之学鼎立为三，均是教人入道之学。可见宋濂独对其家乡——金华之学情有独钟。金华之学主下学上达，与张栻、朱熹之学殊途同归。对于学术的四分五裂，宋濂慨叹不已。宋濂认为，应该将这些学说统一起来。可是统一的基础是什么？那就是古圣相传，心同理同。他借用陆九渊的话："虽然，学以存此心也，心存则理之所存也。前乎千万世，此心同此理同也；远而四海之广，此心同此理同也。所谓东海有圣人出焉，此心同此理同也；西海有圣人出焉，此心同此理同也；南海北海有圣人出焉，此心同此理同也。"于是他提出了"六

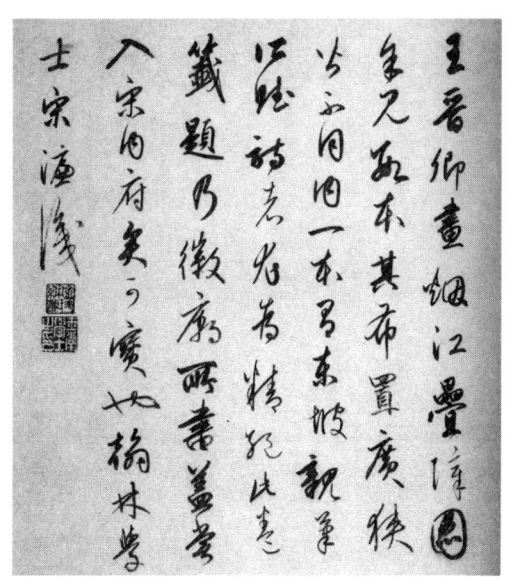

宋濂跋王诜《烟江叠嶂图》
此图跋用笔清丽婉约,激扬豪迈,行草相杂,使整篇气韵生动,有明代书法的典型风格。现藏于上海博物馆

经皆心学"的观点。

这里的"心学"不是陆九渊意义上的心学,而是指传心之学。然而其中所阐述的心与理的关系,却与象山完全一致。宋濂认为,六经乃是众人将心中所具之理笔之而成,理不仅具于心,而且理本身就是心,心就是理,因有欲望所以本心丧失,而恢复本心的途径就是学习六经。之所以要学六经,就是要弥补象山心学"力行功加而致知道阙"的弊端。他直接将"心"上升到本体的高度。心能包摄一切,不在其有形,而在其无形,无形之用非言语所能道尽。心为万理之本原,无心外之理,自然也就无心外之物。学习六经不是单纯明六经之理,而是体会圣贤之心,心明则理自然明矣。

宋濂主张儒释、儒道合一,理由是儒佛都使人追求向善,而儒道均教人谦让，小可以修身，大可以治国。道家后来发展成了道教，宗旨与道家迥然有异，世之学者往往将二者混为一谈。宋濂认为不能因为反对道教便对道家思想一概摒弃，只要有补于修身治世，就应该加以吸收。

此外，元王朝建立后，朱学传到北方，迅速传播。朱熹和陆九渊去世后，朱、陆两派逐渐势如水火。随着朱学统治地位的确立，心学一蹶不振。除了个别恪守各自门户的学者外，至元代中期，出现了和会两家思想的倾向。

北宋灭亡后，黄河以北长期被金军占领，此后又被蒙古兵取代。南北声教不通，所以北方长时间没有理学。蒙古人所接触的儒学，也只是章句之学。当窝阔台进兵南宋时，蒙古人在湖北俘获了理学名儒赵复，礼送至燕京太极书院，请他传授程朱道学。自此，北方的儒士大夫刘因、许衡等人才得知理学的奥义。但赵复不愿用世，不久就隐居起来。所以在北方传授理学，影响最大的是间接学于赵复的许衡（1209～1281年，人称鲁斋先生，官至元朝集贤殿大学士兼国子祭酒等职，卒，谥文正）。许衡在理学上私淑朱熹，但他不重理学的奥义，只重普及。他力劝元帝兴儒学，以作为推行汉法的重要内容。朱学在元代能成为官学，与许衡的努力分不开。与许衡同时的刘因（1249～1293年，号静修），从章句之学转向理学。他高蹈不仕，消极用世，在理学上提倡主静、不动心，借道家思想逃避现实。

黄榦在江西的传人最有名者是饶鲁，饶鲁再传弟子中最有名的是吴澄。吴澄（1249～1333年，字幼清，号草庐，抚州崇仁人）的大半生是在元代度过的，与许衡齐名，时有"南吴北许"之称。历任元朝江西儒学副提举、国子司业、翰林学士、国史院编修、太中大夫等官职。他毕生究心于理学，被称为"经学之师"。谥文正，封临川郡公。

他认为，太极乃宇宙最高实体，在阴阳中含动静之理，主宰"太一"，化生二气五行以至天地万物。他还以象数学论说自然万物、道德性命。他认为，太极本是"全体自然"，称为"天"、"理"；它"付与万物"，称为"命"；"物受以生"，称为"性"；"具于心"，称为"仁"，因此理、心、性本来为一。在此基础上，他认为要体悟天理，当以"尊德性"为本，还要反求于己，因为人性本具善端，天理具足。他的思想表现出调和朱、陆思想的倾向，但主要倾向于朱学。

总体而言，元代理学与南宋理学相比，在思想创新上虽无所发明，但它看到了朱、陆两派各自的弊端，一个归于简易，一个过于支离，所以表现出折中两家、扬长避短的趋向。这种和会朱、陆，多是以陆学的本心论，兼取了朱学的理气论和理欲之辨，理论上更加圆融、完善。明代的王阳明说自己的学说"范围朱陆而进退之"，实际上就是综合朱、陆两家的思想——其实是延续了元代朱、陆合流的趋势。所以，元代理学可以算作宋、明之间的过渡环节。

小知识◎许衡不食梨

许衡24岁那年，元军攻入他的家乡，他跟随众人逃难。时值盛夏，天气炎热，口渴难耐，路边正好有一棵梨树，路人纷纷去摘梨吃，唯独许衡静坐树下不动。有人不解地问："何不摘梨解渴？"许衡答曰："不是自己的梨，岂能乱摘！"那人笑其迂腐："世道这么乱，梨树哪有主人！"许衡正色道："梨虽无主，难道我们的心也无主了吗？"

◎赵复义不攻宋

赵复被俘,被送到燕京后,次年在太极书院授程朱道学。一天,元世祖忽必烈召见他,问:"我想攻打宋国,爱卿可以做我的向导吗?"赵复回答:"宋乃是我的父母之邦,没听说有引导别人攻打自己父母的道理。"忽必烈非常敬佩,就不再勉强他做官了。一年后,赵复隐居起来,他晚年的行踪都不为世人所知了。

3. 破心中贼：理学的又一个春天

元朝国祚短暂，为明代替。明太祖朱元璋于洪武二年（1369年）诏定科举以朱熹等传注为宗。元代之后朱学仍是统治思想。但是朱元璋为人狭隘苛刻，他本人文化水平不高，容不得半点对自己不利的言论，哪怕是先贤圣人说的话。《孟子》中有一段："君之视臣如手足，则臣视君如腹心；君之视臣如犬马，则臣视君如国人；君之视臣如土芥，则臣视君如寇仇。"朱元璋看罢大怒，竟下令取消孟子在孔庙的配享地位，并且不许大臣反对，有反对者以"大不敬"论处。有一个叫钱唐的士子毅然上疏，反对皇帝把亚圣打入冷宫，且公开声明说："我为亚圣而死，虽死犹荣。"朱元璋总算冷静了一些，没有处罚钱唐，不久也恢复了孟子配享孔庙的资格。不过他终究余恨未消，于是命令臣下"删孟"，将里面具有民本色彩的对君不利的言论尽皆删去，共删掉孟子原文85条，只剩下100多条，编就了一本《孟子节文》，又专门规定，科举考试不得以被删的条文命题。

以上我们可以看出，虽然明代仍崇奉道学，但在思想上加强了控制，两宋那种自由的学术氛围不复存在。明宪宗成化开始，又规定科

钦定八股文
元代以后钦定以四书——《大学》、《中庸》、《论语》、《孟子》科举取士，朱熹《四书集注》逐渐成为科举考试的指定用书

举考试采用八股文的形式。八股文从格式到字数都有严格限制，它不要求应试者有多大的创造力，只要应试者写出符合形式也符合主考口味的文字就行了。人们不再钻研儒家经典的微言大义，而只死记硬背朱熹等人的传注，道学至此彻底僵化，沦为应试的工具。

八股文其实是对人们思想的变相控制，这对醉心于科举的人来说自然有用，但对那些淡泊功名、锐意学问的人来说却没什么意义。朱学既成为权威，在人们心中道理已经被朱熹说尽，再无发展下去的必要。也就是说，朱学本身失去了发展更新的动力。于是心学重新进入人们的视野。

阳明心学，遍地开花

有明一代的心学，普遍认为由陈献章发端，王守仁集大成。

陈献章（1428～1500年），字公甫，号石斋，广东新会白沙里人，故人称白沙先生。他早年锐意科举，先后3次参加会试，皆落第，这促使他走向潜心学术的道路。他早年笃信朱学，讲究读书穷理，后来在静坐中体察心体，开始转向心学。晚年他纵情自然，领略山水，提出"以自然为宗"的为学宗旨，主张不离日用，标立"天地我立，万化我出，宇宙在我"的心学思想。由此开启了明代心学。

王守仁（1472～1529年），字伯安，浙江余姚人。因筑室阳明洞，故世称阳明先生。出生于书香门第、官宦世家，其远祖为东晋大书法家王羲之。他10岁时，父亲高中状元，王阳明随父赴京。十一二岁在京师念书时，他问塾师："何谓第一等事？"老师说："只有读书获取科举名第。"他当时便怀疑说："第一等事恐怕不是读书登第，应该是读书学做圣贤。"尽管如此，他从年少时代起就从不循规蹈矩。他13岁丧母后，继母待他不好，他竟买通巫婆捉弄其继母，使得她从此善待他。

王守仁少年时非常喜欢下棋，往往为此耽误功课。其父虽屡次责备，总不稍改，其父一气之下，就把象棋投落河中。王守仁心受震动，顿时感悟，他以诸葛亮自喻，决心要做一番事业。此后刻苦学习，学业大进。骑、射、兵法，日趋精通。明弘治十二年（1499年）考取进士，授兵部主事。当时，朝廷上下都知道他是博学之士，但提督军务的太监张忠认为王守仁以文士授兵部主事，十分蔑视，一次竟强令守仁当众射箭，想以此让他出丑。守仁再三推辞，张忠不允。守仁只得提起弓箭，拉弯弓，嗖嗖嗖3箭，3箭全

王阳明画像
王阳明出生时取名为王云，但5岁还不能说话。一位高僧告诉其父给他改名为王守仁后，王阳明这才说话

中红心，全军欢呼，令张忠十分尴尬。王守仁做了3年兵部主事，因反对宦官刘瑾，于明正德元年（1506年）被廷杖四十，谪贬贵州龙场（今贵州修文）驿丞。前往龙场途中他历经波折，成功逃脱锦衣卫追杀，最后在龙场悟道。刘瑾被诛后，任庐陵县知事，累进南太仆寺少卿。其时，王琼任兵部尚书，以为守仁有不世之才，荐举朝廷。正德十一年（1516年）擢右佥都御史，继任南赣巡抚。他上马治军，下马治民，文官掌兵符，集文武谋略于一身，做事智敏，用兵神速。以镇压农民起义和平定"宸濠之乱"拜南京兵部尚书，封"新建伯"。后因功高遭忌，辞官回乡讲学，在绍兴、余姚一带创建书院，宣讲"王学"。嘉靖六年（1527年）复被派总督两广军事，后因肺病加疾，上疏乞归，1529年1月因肺炎病逝于江西南安舟中。

据阳明弟子王畿总结，阳明一生"学凡三变"：

第一阶段，他早年泛滥辞章，出入佛老，研习朱熹著作，格物穷理，循序渐进，无所收获。青年时候的王阳明看到朱子说一草一木都有理，便和朋友在竹子边静坐，想格出竹子的"理"。朋友对着竹子格了3天，什么也没格出来，反倒生了一场病。王阳明认为是朋友精力不济所致，而他自己一格就是7天，理也没有格出来，也生了一场大病。于是他对程朱的"格物致知"说产生了怀疑。

第二阶段，龙场悟道。贵州龙场在当时属烟瘴荒蛮之地，阳明因得罪宦官刘瑾而被贬为龙场驿丞。他历经千辛万苦逃避了刘瑾的追杀来到龙场。自然环境恶劣异常，刘瑾又时时不放过他。此时的阳明得失荣辱全都不放在心上，唯有生死一关，尚未悟透。他日夜默坐澄心，久之胸中洒洒。一天半夜他忽然惊呼跳跃起来，随从们都吓了一跳。他终于悟了！即圣人之道吾性具足，不假外求。昔日于身外格物穷理，是错的。于是他提出心即理、心外无理的思想，并开始在贵州书院讲授"知行合一"之旨。

第三阶段，晚年专提"致良知"。这是他心学思想更为成熟的一种形式。

阳明思想可以概括为心即理、知行合一、致良知。

"心即理"是阳明心学的起点。阳明曾自谓他的学说是从"百死千难中得来"，是他用生命悟出来的。心即理，就是说心就是理，理就是心，二者是一而非二。心外无物，心外无理，心外无事，我心具足众理，只要向心中求就可以了。这里的"理"不再指外在的天理，而是指我心之条理。也就是说，天理只不过是我心的条理而已。有朋友疑惑："南山里的花树自开自落，与我心有何关系？"他回答说："汝未看此花时，此花

《王阳明格竹图》

王阳明后来总结这段经历说："方知天下之物本无可格者；其格物之功，只在身心上做；决然以圣人为人人可到，便自有担当了。"

与汝心同归于寂。汝来看此花时，则此花颜色一时明白起来，便知此花不在尔的心外。"心外无物不是否定外物的客观存在，而是强调我心对外物存在的意义。没有主体人的关注，外物存在的意义在哪里呢？他又举例子："天没有我的灵明，谁去仰它高？地没有我的灵明，谁去俯它深？鬼神没有我的灵明，谁去辨它吉凶灾祥？"所谓天高地低，都是人对天地的规定，在有人之前，天地是无所谓高低的，鬼神也是无所谓吉凶灾祥的。正因为有了人的关注，天地、鬼神才具有了高低、吉凶的属性，才变得有意义。既然一切事物的属性都是人规定的，一切伦理道德都是人制定的，说明他们本来就存在于人心中，所以只要返身内求就可以了。

心理合一落实到实践中必然是知行合一。他的知行合一主要强调知对行的重要性。只要头脑中有一念闪过，就是行，不管有没有真正落实到行动上。有不善的念头闪过，便是不善的行。所以要防患于未然，及早把那不善的念头扼杀在萌芽中。反过来，如果某人知道了孝悌的道理而没落实到行动上，就说明他还没有真正认识孝悌。那种"口诵仁义，行若狗彘"的现象只能说明他只是表面上谈仁义，而没有真正理解，没有达到真知。说某人知孝知悌，肯定是他已经行过孝悌了，所以才说他知孝悌。所以知行是不能分开的。正所谓"知之真切笃实处即是行，行之明觉精察处即是知。知行工夫本不可离"是也。

阳明在多年的南征北战中充分领悟到一点："破山中贼易，破心

阳明洞
阳明洞位于贵州省修文县城东栖霞山，因王阳明谪为龙场驿丞时曾居于此洞而得名

中贼难。"平定叛军或民变，自然是攻心为上。王阳明平定宁王朱宸濠叛乱是他一生军功的顶点，在军事上如此完美无缺，以至于功高骇世，给他带来了一些政治上的麻烦。从宁王起兵到失败，前后只有40多天的时间。从阳明平叛的过程我们可以领略阳明"破心中贼"的手段。朱宸濠在南昌起兵时，王阳明首先利用反间计，散布假情报，迷惑、离间对手，使得朱宸濠犹疑不决，没有立即出兵，给各地争取了准备时间。等朱宸濠终于出鄱阳，下九江，直趋安庆，窥伺留都南京时，王阳明抓住朱宸濠后方空虚之机，率兵直取南昌。待朱宸濠仓促回援时，王阳明驱兵痛击朱宸濠于鄱阳湖。王阳明战前让人用竹木准备了免死牌，上书一行小字："宸濠叛逆，罪不容诛；协从人等，有手持此板，弃暗投明者，既往不咎。"关键时刻，王阳明下令连夜将几十万块免死牌扔入鄱阳湖中。第二天天亮，叛军人手一块免死牌，军心大哗。朱宸濠见大势已去，只有哀叹："好个王守仁，以我家事，何劳费心如此！"束手就擒。

正是围绕如何"破心中贼"的问题，阳明揭出"致良知"三个字。"致良知"是将《大学》的"格致"与《孟子》的"良知"结合起来，意思是推致我心中固有的良知于事事物物。"良知"是人的一种知是非、别善恶的先天的道德意识，是人作为人的内在准则。"致良知"就是要把这种道德意识运用到实践中，我们经常说做什么事之前要先拍拍良心想一想该不该做，就是发挥良心的内在监督作用，力求行动上为善去恶。人的良知往往容易被私欲遮蔽，所以要存心去欲，光大人心这一点灵明。去私欲，就要求随时在事上磨炼。他曾教一狱吏在词讼上磨炼："问一个官司，不可因对方应对无状而生怒心，不可因对方语言圆滑而起喜心，不可因对方通关节说好话就故意治他的罪，也不可因对方哀求就心软放过，不能因自己公务烦冗就随意枉断，也不能

《奉寿西冈罗老先生》

王阳明书于 1516 年，纸本，纵 27.65 厘米，横 258.1 厘米

因有人诋毁罗织罪名就任其处置。"以上这些都是私意的表现，都是违背良知的。需要摒除这一切因素，让良心做主，才能真正断得是非。他曾与一聋哑人交谈，教对方凭心做主，令对方感动得再拜不已。

"致良知"被阳明称作"孔门正法眼藏"，是他一生最得意的理论发明。他明言："吾平生讲学，只是致良知三字。"尽管阳明为维护明王朝的稳定立下了汗马功劳，但昏君奸臣当道，注定他是遭忌恨的。平定宁王叛乱后，明武宗嫌他动作太快，有太监立刻落井下石诬陷他与叛军勾结。阳明及时觉察，将所有功劳都归到武宗身上，才侥幸逃过一劫。阳明去世后，有大臣奏他擅离职守，并说他离经叛道，标新立异。皇帝大怒，下诏追夺阳明爵位，以其说为伪学、邪说而下令禁止。一直到穆宗隆庆元年（1567年），才诏赠阳明新建侯，谥文成。这时距阳明去世已经40年了。

尽管阳明在世时他的学说不被当局认可，但这并不妨碍他的思想在读书人、下层百姓中间受欢迎。他的知行合一、致良知思想一出来，天下立刻云集影从，从学者络绎不绝。阳明后学以徐爱、钱德洪、王畿为首，遍布大江南北。一时间，谈心论性，蔚然成风。清代黄宗羲

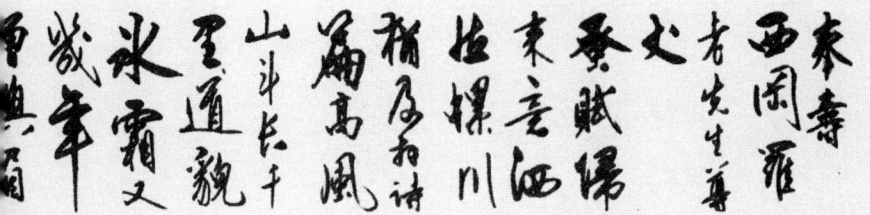

编写《明儒学案》，光王门学案就有20卷，这些都是有名有姓有影响的弟子，还有大量未列入学案的。众弟子对阳明学说的解读不同，王学开始分化成不同学派。最离经叛道的是泰州学派。

泰州学派创始人王艮出自王门，但他随心所欲，凭自己的意思解读经典，不盲从权威。他提倡百姓日用之学，因此深受底层百姓欢迎。百姓日用，自然人己平等，这背离了儒家的"爱有差等"。其后学何心隐更于五伦——君臣、父子、夫妇、昆弟、朋友中独重朋友一伦，而舍弃了其他四伦，公开背叛了儒家传统。到了明朝末期，泰州后学又出了个李贽，非孔刺孟，嘲笑圣人，还对世上出现的假道学进行了无情抨击，终于刺痛了当局的神经，被逮捕入狱，自杀身亡。

严格来说，泰州学派已经不属于王学，但毕竟它的创始人曾从学于阳明。它的对传统的背叛很大程度上也影响了王学的名声。而且阳明心学越到后来，其空谈心性的一面被发展得越极端，乃至流入狂禅。明朝发展到后期危机空前严重，而心学却不能挽狂澜于既倒。空虚无用成了心学的代名词，受到人们的抨击，开始式微。

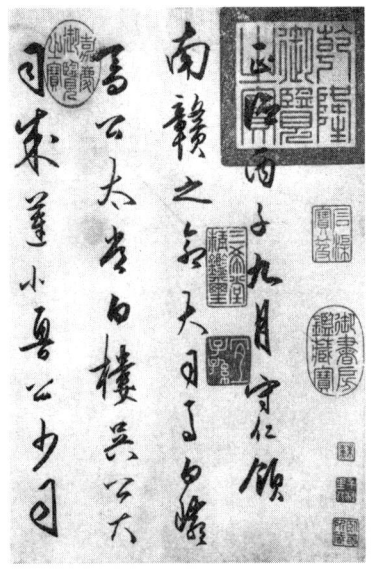

《龙江留别诗》卷（局部）
此卷书于正德十一年丙子（1516年），王阳明时年44岁。内容系王阳明在南京与兵部尚书乔宇、太常寺卿吴一鹏、国子祭酒曾铎等宴饯时的唱和诗

王阳明墓
王阳明去世后，归葬浙江兰亭附近的洪溪。自甬道至墓顶全长80米，宽30米，碑文刻有"明王阳明先生之墓"八个大字。

气学：罗钦顺—王廷相—王夫之

明代当然不是心学一统天下，与之同时复兴的还有气学。明代气学继承张载的思想，由罗钦顺发端，王廷相发扬，王夫之集大成。

罗钦顺（1465～1547年），字允升，号整庵，泰和（今属江西）人。弘治六年（1493年）中探花，官至吏部尚书。罗钦顺为官时，严于职守，勤于政事。曾受到孝宗、武宗的赏识和百姓的爱戴，但却遭到权贵张聪、桂萼的忌恨。他们在政治上培植私党，排斥异己，正直的人得不到任用。罗钦顺总感到壮志难酬，怀才不遇。他本想在仕途上有所成就，为国为民多做点事情，可朝廷腐败，宦官篡权乱政，权贵为非作歹。罗钦顺耻于与之同朝做官，便辞官返乡。他回家后，很少和人来往，杜绝门徒，一人独居。淡泊自持，不为世累。居家20余年，脚不入城市，每天早起穿戴整齐，即到学古楼看书，专心致志研究学问。嘉靖二十六年（1547年）卒于家，赠太子太保，谥文庄。有《困知记》、《整庵存稿》传世。

罗钦顺的理论贡献在于，他用理气为一物修正了朱熹理气二分的理气论。朱熹分理气为二，理在气先。罗钦顺认为气有聚散，聚散之理就在其中，并不是超乎气之聚散之上另有聚散之理。理就是气之理，并不是在气外别有一个理。对于理事关系，程朱认为"理在事上"和"理在事先"，罗钦顺则认为"理在事中"。他反对阳明的"心即理"和致良知说，主张只有用程朱的格物功夫，才能真正体认到天地物我本是一理。

王廷相(1474～1544年)，字子衡，号浚川，河南仪封（今河南兰考）人。弘治十五年（1502年）进士及第，授庶吉士并被选入翰林院，曾任兵科给事中,辅助处理奏章,后因得罪大宦官刘瑾,被贬为地方任都察院副都御史并巡抚四川,官至南京兵部尚书。

他批评程朱的理气说,认为天地万物的本原就是元气,元气之上无物无道无理。万理皆出自气,此气具有永恒性,有聚散,但无渐灭。王廷相认为"离气无性",有气便有性,否定在气以外有所谓"本然之性",也不赞成"性善"和"性恶"的先验论。他重视"见闻之知",认为知识是"思"与"见闻"相结合的产物。要求在实践中练习,这才是"真知",反对书房中空虚的无实用的讲读。他要求"学"与"思"不能偏废,要求"讲学"和"力行"并举。他认为学的方法有二,即"致知"和"履事",二者兼有才是上等,必须"知行并举"才能达到目的。在道德修养方面,王廷相反对偏重内省静养的方法,主张内外交养、动静结合、心虚气和、因时制宜等方法。他主张要从克己寡欲开始,逐渐做到无欲无己,便能实现"大同"。

王夫之(1619~1691年),字而农,衡阳人,人称船山先生。明末求学于岳麓书院,并师从吴道行,吴教以湖湘家学,"以朱(熹)张(栻)为宗",清军入关后,他上书明朝湖北巡抚,力主联合农民军共同抵抗清军。1647年,清军攻陷衡阳,王夫之的二兄、叔父、父亲均于仓皇逃难中蒙难。次年,他与好友在衡山举兵抗清,兵败投奔南明王朝。南明朝廷得过且过,腐败不堪,王夫之为弹劾权奸险遭残害,后逃归湖南。康熙十四年(1675年)秋,在衡山石船山麓定居著述,筑草堂而居,人称"湘西草堂"。他终日孜孜不倦,刻苦自励,潜心著述。51岁时他自题堂联"六经责我开生面,七尺从天乞活理",反映出他的学风和志趣,终未剃发。他晚年贫病交迫,连纸笔都靠朋友周济。吴三桂称帝,请他写《劝进表》,遭严词拒绝。吴三桂之乱被平定,有大官听说后很赞赏他,嘱咐郡守送给他粮帛,请求相见,船山以有病推辞。不久去世，自题墓碑为"明遗臣王某之墓"。

王夫之学问渊博，对天文、历法、数学、地理学等均有研究，尤精于经学、史学、文学。他著述丰厚，有320卷之多，被称为百科全书式的学者。他以气本论为基础，探讨了理气、道器、动静、能所、知行、理势、理欲等之间的关系，可以说对宋明理学做了全面总结。

王夫之继承并发挥了张载的气本论，对"气"做了新的规定。整个宇宙除了"气"，更无他物。他还指出"气"只有聚散、往来而没有增减、生灭，所谓有无、虚实等，都只是"气"的聚散、往来、屈伸的运动形态。在理气关系问题上，王夫之坚持"理依于气"的气本论，反对程朱以理为本的观点。他强调"气"是阴阳变化的实体，理乃是变化过程所呈现出的规律性。理是气之理，理外没有虚托孤立的理。

王夫之坚持"无其器则无其

王夫之像
章太炎评价王夫之："当清之季，卓然能兴起顽懦，以成光复之绩者，独赖而农一家而已。"

王夫之著《宋论》
在明末清初三大思想家黄宗羲、顾炎武、王夫之中，王夫之的思想是最为系统而透彻的。《张子正蒙注》与《宋论》是他晚年的两部代表作

船山学院旧址
1882年,衡州众乡绅集资将原有的"船山祠"创办为"船山书院"。书院内仍祭祀船山神位,旨在学习研究"船山学说",传播"船山思想",这是中国最早以"船山"命名的学堂

道"、"尽器则道在其中"的道器观。他给传统道与器范畴以新的解释,认为"形而上"的"道"与"形而下"的"器"所标志的一般(共同本质、普遍规律)和个别(具体事物及其特殊规律),两者是一个事物的两个方面,是不能分离的。宇宙间一切事物都是具体的存在,任何具体事物既具有特殊本质,又具有同类事物的共同本质,"道者器之道",一般只能在个别中存在,只能通过个别而存在。

王夫之否定了周敦颐、朱熹所宣扬的太极动静而生阴阳的观点,认为自然界是一个永恒运动化生着的物质过程。运动是物质世界所固有的,否定从气以外寻找事物运动原因的外因论。他并不否认静止的意义和作用,认为相对静止是万物得以形成的必要条件。阳变阴合的运动过程本身包含着动静两态：绝对的动，相对的静。他发展张载的气化论，强调"天地之化日新"，把荣枯代谢、推移吐纳看作是宇宙的根本法则。事物运动变化的原因在于事物内部的矛盾性，即阴阳二气的相互作用。

在知行关系上，王夫之特别强调"行"在认识过程中的主导地位，得出了"行可兼知，而知不可兼行"的重要结论。他以知源于行、力行而后有真知为根据，论证行是知的基础和动力，行包括知，统率知。同时，也要重视知的指导作用，所谓"知行相资以为用"，不可偏废。

作为明末清初的大思想家，王夫之对理学的全面总结是及时的。因为清朝的统治得到巩固以后，已经不允许理学有发展的空间了。

东林清议

"风声雨声读书声，声声入耳；家事国事天下事，事事关心"，这副镌刻在东林书院大门口的对联向人们昭示着那个年代一群知识分子的抱负与作为。

明朝从一开始就专制黑暗，到了明神宗统治时期更加黑暗。神宗长期不理朝政，久居深宫过着"每夕必饮，每饮必醉，每醉必怒"的生活，身边的侍者办事稍不称意"辄毙杖下"，且极其贪婪，恨不得把天下财货都搜刮进宫中供其挥霍。他把大批太监派作"矿使"、"税监"前往各地横征暴敛，搞得民怨沸腾。

万历三十二年（1604年），被革职还乡的顾宪成在常州知府欧阳东凤、无锡知县林宰的资助下，修复宋代杨时讲学的东林书院，与高攀龙、其弟顾允成等人讲学其中，"讲习之余，往往讽议朝政，裁量人物"，其言论被称为清议。朝士慕其风者，多遥相应和。这种政治性讲学活动，

魏大中绝命书

魏大中为官清正廉明,遭阉党诬陷,自知无再生可能,遂写下这份绝命书。书中称自己没有辜负国家,但毁了自己的家,上对不起前辈,下对不起儿女,望子女"一概安心守穷","安贫、读书、积德"

形成了广泛的社会影响。"三吴士绅"、在朝在野的各种政治代表人物、东南城市势力、某些地方实力派等,一时都聚集在东林书院周围。时人称之为东林党。来听讲求学的人称顾宪成为泾阳先生,后又称他东林先生。顾宪成常说:"当京官不忠心事主,当地方官不志在民生,隐求乡里不讲正义,不配称为君子。"他的这些观点博得同志者的响应。

针对神宗倒行逆施、天下矛盾激化的现象,东林党人提出反对矿监税使掠夺、减轻赋役负担、发展东南地区经济等一系列主张。他们还主张开放言路、实行改良等针砭时政的意见,得到当时社会的广泛支持,同时也遭到宦官及各种依附势力的激烈反对。明熹宗时期,宦官魏忠贤专政,形成明代势力最大的阉党集团,对东林党人实行血腥镇压。天启四年(1624年),东林党人杨涟因劾魏忠贤二十四大罪被捕,与左光斗、黄尊素、周顺昌等人同被杀害。魏忠贤又使人编《三朝要典》，借红丸案、梃击案、移宫案三案为题，毁东林书院，打击东林党。东林著名人士魏大中、顾大章、高攀龙、周起元、缪昌斯等先后被迫害致死。魏忠贤还指使党羽制造《东林点将录》，将著名的东林党人分别加以《水浒传》一百零八将绰号，企图将其一网打尽。天启七年（1627年）明思宗朱由检即位，魏忠贤自缢而死，次年毁《三朝要典》，对东林党人的迫害才告停止。但东林党与阉党的斗争，一直延续到南明时期，前后有40多年。

东林党是明代晚期以江南士大夫为主的政治集团。他们以济世、救民为宗旨，关心国计民生，试图通过朝野的合力影响政局，使其朝着积极的方向发展。因为他们触动了当朝权贵们的既得利益，所以遭到镇压。但他们强调学以致用、反对空谈心性的行为一直为后人称道。虽然有些书生意气，但这恰恰体现和实践了儒家传统的"杀身成仁"、"舍生取义"精神。

四 无可奈何花落去：理学的式微

和宋代理学相比，明代的心学和气学都向前推进了一步。心学虽然是从根本入手解决人的心灵问题，但面对重重的社会危机却束手无策。随着明朝的灭亡，心学空谈心性的一面被放大并遭到猛烈抨击，理学走向衰落。

1. 理学遭清算

1644年李自成率起义军攻入北京,崇祯自缢,明朝灭亡。旋即清军入关,入主中原。面对国破家亡,很多学者沉痛万分,并开始反思灭亡的原因。反思的结果,矛头纷纷指向心学末流,认为正是王学空谈误国的结果。如顾炎武就痛斥心学:"以明心见性之空言,代修己治人之实学,股肱惰而万事荒,爪牙亡而四国乱,神州荡覆,宗社丘墟。"他对晚明王学末流的泛滥深恶痛绝,认为其罪"深于桀纣"。这一看法引起其他人的共鸣。事实似乎也证明了这一点。被称为明朝最后一位儒学大师的刘宗周也是东林党人,学问渊博,是黄宗羲的老师,以"慎独"作为学问宗旨。他生活于明末,历经万历、天启、崇祯、弘光四朝,单是在崇祯朝就先后三次被罢官,不是奸臣所害,而是崇祯嫌他太迂阔了。崇祯继位后,大明王朝岌岌可危。崇祯急于求治,问政刘宗周,刘却说先治心;崇祯要求才望之士,刘宗周却说操守第一;崇祯帝访问退敌弭寇之术,刘宗周却说仁义为本。故崇祯说他"愎拗偏迂",可谓百无一用。最后在复明无望之际,刘宗周绝食而死。后来清代思想家颜元讽刺这些空谈心性脱离实际的理学家:"无事袖手谈心性，临危一死报君王。"理学的空疏无用迫使人们转向那经世致用的学问。现实的转变使理学的式微不可避免。

明朝的很多遗老遗少不愿与清廷合作，黄宗羲、顾炎武、王夫之这"清初三大儒"带头逃避清廷的征召。清廷采取怀柔政策，继续提倡程朱道学，下令编修《明史》，康熙还设了"博学鸿词科"来拉拢士人。康熙十七年（1678年），诏征黄宗羲"博学鸿儒"，黄的学生代为力辞。十九年（1680年），康熙帝命地方官"以礼敦请"黄宗羲赴京修《明史》，黄以年老多病坚辞。康熙帝令地方官抄录其所著明史论著、史料送交史馆，又延请其子黄百家及弟子万斯同参与修史。万斯同入京后，也执意"以布衣参史局，不署衔、不受俸"。康熙二十二年（1683年），黄宗羲参与修纂《浙江通志》。康熙二十九年（1690年），康熙帝又召黄宗羲进京充顾问，被黄的学生以"老病恐不能就道"代辞。

黄宗羲像
黄宗羲（1610～1695年），字太冲，一字德冰，号南雷，有多个别号，学者称梨洲先生。浙江余姚人。学问极博，思想深邃，著作宏富，有"中国思想启蒙之父"的美誉

清朝沿袭明制，继续以程朱道学作为科举考试的内容。康熙亲政后，除了在京师举行各种祭孔活动，开展经筵日讲以外，又亲临曲阜孔庙，"行三跪九叩礼"，尊孔子为"万世师表"。康熙本人则"夙好程朱，深谈性理"，他曾亲自主持编写了《性理精义》，令大学士李光地、熊赐履等人编写了《朱子全书》、《周易折中》等，并升朱熹配享孔庙，为孔庙"十一哲"。所有这些措施都为程朱道学的复兴提供了良好条件。清初涌现一批理学家，陆世仪、陆陇其、李光地等

人都对程朱道学有所绍述，但没什么新意。

清政府作为少数民族入主中原，却全盘接受了汉文化并极力推崇，这似乎开了个好头，让人看到了希望，但好景不长，就兴起了文字狱。

小知识◎以理杀人

> 出自清思想家戴震《孟子字义疏证》。"宋以来儒者，以己之意见，硬坐为古贤圣立言之意，而语言文字实未之知。其于天下之事也，以己所谓理，强断行之，而事情原委隐曲实未能得，是以大道失而行事乖。……后儒不知情之至于纤微无憾，是谓理，而其所谓理者，同于酷吏之所谓法。酷吏以法杀人，后儒以理杀人，浸浸乎舍法而论理死矣，更无可救矣！"
>
> 这段话并不是抨击理学家，而是抨击那些歪曲理学的人。他们不去细究理学原委，而是断章取义，把歪曲了的理学当作真理，就如上述歪曲"存天理，灭人欲"一样，把人欲当成人的所有欲望，推行禁欲主义，站在道德的制高点去批评别人，冠冕堂皇，让当事人有口难言，让旁观者觉得他死得其所。这就是以理杀人。所以戴震接着说："人死于法，犹有怜之者。死于理，其谁怜之！"

◎黄梨洲手锥仇人

黄宗羲（1610～1695年），字太冲，号梨洲，浙江余姚人，明末清初三大思想家之一。其父黄尊素，万历进士，天启中官御史，东林党人，因弹劾魏忠贤而被削职归籍，不久下狱，受酷刑而死。崇祯元年（1628年），魏忠贤、崔呈秀等已除，天启朝冤案获平反。黄宗羲上书请诛阉党余孽许显纯、崔应元等。五月刑部会审，黄宗羲出庭对证，出袖中锥刺许显纯，当众痛击崔应元，拔其须归祭父灵，人称"姚江黄孝子"，明思宗叹称其为"忠臣孤子"。

◎假道学与真理学

　　历史上满口仁义道德、背地男盗女娼的"假道学"并不鲜见，也正是这些人败坏了理学的名声，让人们对理学产生误解。康熙所器重的两个理学家熊赐履和李光地就是假道学。熊赐履任大学士时"票拟错误"，但为了推卸责任，竟"改草签，欲委咎同官杜立德，又取原草签嚼而毁之"，品德十分恶劣，事发后被夺官。李光地督顺天学政时遇母丧，按礼制应丁忧三年。但他"贪位而忘亲，司文而丧行"，竟提出请假九月，回里治丧，把封建礼法抛得无影无踪，结果被解任，在京守制。我们应严格厘清假道学和真理学，李贽、戴震等人所抨击的其实就是假道学，是那些假借理学外衣不干人事的人。"真道学"就如我们前文叙述介绍的，都是表里如一、严于律己的君子。

2. 残酷文字狱

清代的文字狱是空前绝后的,而且随着统治的稳固而加深,越是统治稳定的时期,文字狱就越是登峰造极,至乾隆时期,达到无以复加的地步。

我们可以通过几个典型案例一窥当时的学术环境。

庄廷鑨私修《明史》案

康熙朝的文字狱首推庄廷鑨私修《明史》案。明熹宗天启朝内阁首辅朱国祯受魏忠贤排挤,告病回到老家浙江乌程(今湖州),编了一本《皇明史概》并刊行,未刊的稿本有《列朝诸臣传》。明亡后,浙江湖州有个叫庄廷鑨的富户,他是个盲人,受"左丘失明,厥有国语"的鼓舞,也想搞一部传世史作。但他自己并不通晓史事,于是出钱从朱国祯后人处买了史稿,并延揽江南一带有志于纂修明史的才子,补写崇祯朝和南明史事。在叙及南明史事时,仍尊奉明朝年号,不承认清朝的正统,还提到了明末建州女真的事,如直写努尔哈赤的名字;

写明将李成梁杀死努尔哈赤的父祖,斥骂降清的尚可喜、耿仲明为"尚贼""耿贼",写清军入关用了"夷寇"等,这些都是清廷极为忌讳的。这部《明史辑略》刊刻后,起初并无事,只因几年后几个无耻小人想去敲诈庄家,才惹出事来。当时主事者庄廷鑨已死去多年,庄父仗着有钱,买通官府,将敲诈者一一顶回。不想一个叫吴之荣的小官一怒之下告到了北京。鳌拜等人对此大感兴趣,颁旨严究。于是与庄氏《明史辑略》有关联的人大祸临头。康熙二年(1663年),私修《明史》案一干"人犯"70余人——为《明史辑略》写序的、校对的,甚至卖书的、买书的、刻字印刷的以及当地官吏,在杭州弼教坊或凌迟,或杖毙,或绞死。"主犯"庄廷鑨被剖棺戮尸,另有数百人受牵连发配充军。

戴名世《南山集》书影

戴名世(1653～1713年),字田有,安徽桐城人。他在古文经学方面造诣很高,总结了古文创作从形式到内容的一整套理论,为桐城派形成作出了重要贡献

戴名世文字狱案

康熙晚年影响最大的当属戴名世文字狱案。翰林院编修戴名世对清廷随意篡改明朝历史甚感愤慨，他通过访问明朝遗老和参考文字资料写了一本记录明末历史的《南山集》。康熙五十年(1711年)，书印出10年后被人告发，因为书中用南明年号并涉及多尔衮不轨之事，康熙帝十分震怒，下旨将戴名世凌迟处死，戴氏家族凡男子16岁以上者立斩，女子及15岁以下男子，发给清朝功臣家做奴仆。同乡方孝标曾提供参考资料《黔贵记事》，也和戴名世同样治罪；戴氏同族人有职衔者，一律革去；给《南山集》作序的汪灏、方苞、王源等处斩刑；给《南山集》捐款刊印出版的方正玉、尤云鹗等人及其妻、子，发宁古塔充军。因《南山集》受到牵连的有300多人。

徐骏文字案

雍正年间的文字狱案多与雍正本人猜忌刻薄的性格有关。翰林院庶吉士徐骏，是康熙朝刑部尚书徐乾学的儿子，也是顾炎武的甥孙。雍正八年(1730年)，徐骏在奏章里，把"陛下"的"陛"字错写成"狴"字，雍正见了，马上把徐骏革职。后来再派人一查，在徐骏的诗集里找出了如下诗句："清风不识字，何事乱翻书"、"明月有情还顾我，清风无意不留人"，于是雍正认为这是存心诽谤，照大不敬律斩立决。

查嗣庭科场考试案

《四库全书》（残本）
《四库全书》分经、史、子、集四部，故名四库。据文津阁藏本，该书共收录古籍3503种、79337卷，装订成36000余册，保存了丰富的文献资料，这是圆明园文源阁所藏的残存本

雍正年间，查慎行的弟弟查嗣庭去江西做考试官，他出了一道作文题"维民所止"，源出《诗经·商颂·玄鸟》。原文是"邦畿千里，维民所止"，大意是说，国家广阔土地，都是百姓所栖息、居住的，有爱民之意。这个题目完全合乎儒家的规范，没有什么问题。但是，雍正听说后，觉得"维止"两字是"雍正"两字去了头，这岂不是要杀自己的头吗？这一下不得了，雍正下令将查嗣庭全家逮捕严办。查嗣庭受到残酷折磨，含冤死于狱中，这还不算，连尸身都不得安宁，受到戮尸之辱。嗣庭的儿子也惨死狱中，族人遭到流放，浙江全省士人6年不准参加举人与进士的考试。查慎行也受到牵连，奉旨带领全家进京投狱。他在途中写下这样的句子："如此冰霜如此路，七旬以外两同年。"后来得以放归故乡，不久即谢世。当年的考生排名靠前的也遭到了迫害。

编修《四库全书》：历史上最大的文字狱

乾隆三十七年（1772年）诏令编纂《四库全书》。要求全国图书都要进献检查，不仅不利于清朝的文献被禁毁，连前人涉及契丹、女真、蒙古、辽、金、元的文字都要进行篡改。查缴禁书竟达3000多种，

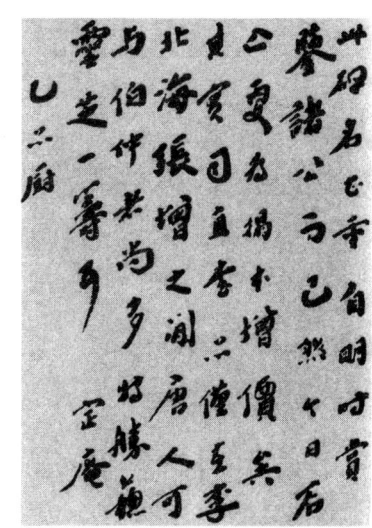

龚自珍墨迹

龚自珍（1792～1841年），清代文学家、思想家、改良主义者。他的诗文主张"更法"、"改图"，揭露清统治者的腐朽，洋溢着爱国热情。著名诗作《己亥杂诗》共350首

15万多部，总共焚毁的图书超过70万部，禁毁书籍与四库所收书籍一样多。吴晗曾说："清人纂修《四库全书》而古书亡矣！"连宋应星的科技著作《天工开物》也因为有碍于愚民而禁毁。《四库全书》所收古籍许多经过篡改是尽人皆知的事实。与清代统治者利益相关的明朝人的文学和历史作品遭到大力剿灭，而且殃及北宋南宋。《四库全书》的编纂者对反映民族矛盾、民族压迫和民族战斗精神的作品尽量摒弃和抽毁，对不能不收录的名家名作则大肆篡改。如岳飞《满江红》名句"壮志饥餐胡虏肉，笑谈渴饮匈奴血"，"胡虏"、"匈奴"在清代是犯忌的，于是《四库全书》馆臣把它改为"壮志饥餐飞食肉，笑谈欲洒盈腔血"。

　　文字狱造成的社会恐慌不言而喻。雍正十一年（1733年），下诏征举士人，想学康熙重开博学鸿词科，谁知响应寥寥，只得作罢。人

才凋零，文治废弛，一至于此。直到嘉庆年间，文字狱的阴影仍笼罩着文坛，知识分子余悸尚存，所以龚自珍有"避席畏闻文字狱，著书都为稻粱谋"，以及"万马齐喑究可哀"的叹息。许多人噤若寒蝉，不敢过问政治，政治高压之下不可能诞生新的思潮。做什么学问才是最安全的？唯有转向故纸堆，整理古籍，训诂考证。乾嘉考据学的兴起，正是这一背景下的产物。

3. 倾情考据学

乾嘉时期，考据学兴起。考据学又被称为实学，其实是对汉唐学问的回归，只不过摆脱了汉唐的烦琐而更加平实。清人认为，这才是真正的、实用的学问。各个时代流传下来的典籍，是中国学术文化方面的宝贵财富，因为流传年代久远、缺乏有效的传抄和保存方式，以及历代战火动乱毁坏等原因，典籍本身存在文字内容上的错讹、史实记载上的歧异，以及部分及全部内容的散失等诸多问题，需要人们从事整理考证工作，然后宝贵的古代典籍才能被读懂和利用，历史记载的歧误伪托才能被指明，亡佚散失的篇章才能在最大程度上被搜集和弥补。乾嘉学者通过训诂注释、版本鉴定、文字校勘、辨伪辑佚等方法和手段，在经学、小学、历史、地理、金石、考古，以及丛书、类书、工具书的研究和编纂方面，做出了可贵的贡献和成绩。我们今天能看懂先秦的典籍，当感谢乾嘉诸子。不过，考据学的兴起，意味着理学已经被另一种特征的学术取代，其700多年的历史就此终结了。

小知识◎日常行为中的天理良心

尽管我们今天已经很少再阅读研习儒家经典了,尽管理学离我们越来越遥远了,但"天理良心"这四个字仍然时常挂在我们的嘴边。尽管科学告诉我们,我们头顶上的天是没有什么人格意志的自然之天,但我们潜意识里仍然相信"人在做,天在看",做了坏事要受老天爷的惩罚。"拍拍良心想一想","对得起自己的良心吗","没天理的","举头三尺有神明",这些日常用语都说明理学给人们带来的潜移默化的影响。从某种程度上说,这也是一种信仰,对天理、良心的信仰。哪怕天塌地陷,王纲废弛,法治不彰,但人们坚信良心是永远存在的。"做人得凭良心",丧尽天良的人不配称为人。"公道自在人心",其实就是以良心作为判断是非的标准。有时候,良心超越于法律之上,甚至超越于一切道德律令之上。违背了良心,不仅是不道德的,甚或说是有罪的。

清朝叶存仁,做了30余年的官。他离任时,手下部属执意送行话别,但送行的船迟迟不发,叶存仁好生纳闷。等至明月高挂,来了一叶小舟,原来是部属临别赠礼,故意等至夜里避人耳目。叶存仁当即写诗一首:"月白风清夜半时,扁舟相送故迟迟。感君情重还君赠,不畏人知畏己知。"拒礼而去。这"不畏人知畏己知"充分体现了叶存仁的自律、自尊。

◎理学与家庭教育

理学家们虽然学究天人之际,最后的落脚点却是希望国治天下平。《大学》云:"自天子以至于庶人,壹是皆以修身为本。"理学家们致力于讲学教育,其实就是让学生体会那修己之道。个人的修养提升了,必然会管理好自己的家庭。家庭是国家的一个缩影,所以理学家们无不重视家庭的治理。他们把家庭当成国家一样,要求家庭成员扮演好自己的角色,学会为人处世,从而使家族能够兴旺繁盛,代代相传。于是出现了很多的"家训",其中影响最大的是清代的《朱子家训》。

《朱子家训》又称《朱子治家格言》、《治家格言》,是明末清初学者朱用纯所著。朱用纯(1617~1688年),字致一,号柏庐,江苏昆山人。他一生潜心钻研程朱道学,居乡教授生徒。康熙中,被招博学鸿词科,固辞不应。死后,门人私谥孝定先生。

《朱子家训》以骈文写就,只有522字,却是句句箴言,精辟阐述了修身、治家之道,因此广为流传,后被定为蒙学课本。全文如下:

黎明即起,洒扫庭除,要内外整洁;既昏便息,关锁门户,必亲自检点。一粥一饭,当思来处不易;半丝半缕,恒念物力维艰。宜未雨而绸缪,毋临渴而掘井。自奉必须俭约,宴客切勿流连。器具质而洁,瓦缶胜金玉;饮食约而精,园蔬胜珍馐。勿营华屋,勿谋良田。

三姑六婆,实淫盗之媒;婢美妾娇,非闺房之福。奴仆勿用俊美，妻妾切忌艳妆。祖宗虽远，祭祀不可不诚。子孙虽愚，经书不可不读。居身务期质朴，教子要有义方。莫贪意外之财，莫饮过量之酒。

与肩挑贸易，勿占便宜；见贫苦亲邻，须多温恤。刻薄成家，理无久享。伦常乖舛，立见消亡。兄弟叔侄，须多分润寡。长幼内外，宜法属辞严。听妇言，乖骨肉，岂是丈夫；重资财，薄父母，不成人子。嫁女择佳婿，毋索重聘；娶媳求淑女，毋计厚奁。

见富贵而生谗容者，最可耻；遇贫穷而作骄态者，贱莫甚。居家戒争讼，讼则终凶；处世戒多言，言多必失。毋恃势力而凌逼孤寡，勿贪口腹而恣杀生禽。乖僻自是，悔误必多；颓惰自甘，家道难成。狎昵恶少，久必受其累；屈志老成，急则可相依。轻听发言，安知非人之谮诉，当忍耐三思；因事相争，焉知非我之不是，须平心暗想。

施惠勿念，受恩莫忘。凡事当留余地，得意不宜再往。人有喜庆，不可生嫉妒心；人有祸患，不可生喜幸心。善欲人见，不是真善；恶恐人知，便是大恶。见色而起淫心，报在妻女；匿怨而用暗箭，祸延子孙。

家门和顺，虽饔飧不继，亦有余欢；国课早完，即囊橐无余，自得至乐。读书志在圣贤，为官心存君国。守分安命，顺时听天。为人若此，庶乎近焉。

没有高深的大道理，没有板着面孔的说教，仿佛一个老者在娓娓讲述自己多年的经验，亲切自然，朗朗上口。这不正是我们今天要继承发扬的优秀传统文化吗？

图书在版编目（CIP）数据

理性的高扬：理学的形成、发展与式微 / 刘玉敏著. — 郑州：中州古籍出版社，2014.5
（华夏文库）
ISBN 978-7-5348-4566-6

Ⅰ.①理… Ⅱ.①刘… Ⅲ.①理学－研究－中国 Ⅳ.①B244.05

中国版本图书馆CIP数据核字（2013）第305393号

华夏文库·儒学书系
理性的高扬：理学的形成、发展与式微

总 策 划　耿相新　郭孟良
责任编辑　杨天荣
责任校对　苏晓园
封面设计　新海岸设计中心
版式设计　曾晶晶
美术编辑　曾晶晶
责任印制　刘新毅
项目统筹　单占生　萧　红（执行）

出　版　中州古籍出版社
　　　　　地址：河南省郑州市经五路66号
　　　　　邮编：450002
　　　　　电话：0371-65788693
经　销　新华书店
印　刷　河南新华印刷集团有限公司
版　次　2014年5月第1版
印　次　2014年5月第1次印刷
开　本　960毫米×640毫米　1 / 16
印　张　8.75印张
字　数　60千字
印　数　1—3000册
定　价　23.00元

本书如有印装质量问题，由承印厂负责调换